大方廣佛華嚴經

일러두기

1. 『대방광불화엄경 강설』 원문原文의 저본底本은 근세에 교정이 가장 잘 되었다고 정평이 나 있는 대만臺灣의 불타교육기금회佛陀教育基金會에서 출판한 『화엄경소초華嚴經疏鈔』본입니다.

2. 『대방광불화엄경 강설』은 실차난타實叉難陀가 695년부터 699년까지 4년에 걸쳐 번역해 낸 80권본卷本 『대방광불화엄경』을 우리말로 옮기고 강설을 붙인 것입니다.

3. 『대방광불화엄경』은 애초 산스크리트에서 한역漢譯된 경전이지만 현재 산스크리트본은 소실된 상태입니다. 산스크리트를 음차한 경우 굳이 원래 소리를 표기하려고 하기보다는 『표준국어대사전』이나 『불교사전』 등에 등재된 한자음을 사용하는 것을 원칙으로 하였습니다.

4. 경문의 한글 번역은 동국역경원본을 참고하여 그대로 또는 첨삭을 하며 의미대로 번역하고 다듬었습니다.

5. 각 품마다 내용에 따라 단락을 나누고 제목을 달았습니다. 단락의 제목은 주로 청량淸凉스님의 견해에 기초하였고 이통현李通玄장자의 견해를 참고로 하였습니다.

6. 『대방광불화엄경 강설』의 발행 순서는 한역 경전의 편재 순서를 기준으로 하였고 각 권은 단행본 한 권씩으로 출간될 예정이며 모두 80권으로 완간됩니다. 다만 80권본에 빠져 있는 「보현행원품」은 80권본 완역 및 강설 후 시리즈에 포함돼 추가될 예정입니다.

7. 『대방광불화엄경 강설』 안에서 불교용어를 풀이한 것은 운허스님이 저술하고 동국역경원에서 편찬한 『불교사전』을 인용하였습니다.

8. 각주의 청량스님의 소疏는 대만에서 입력한 大方廣佛華嚴經 사이트의 것을 사용하였습니다.

9. 『대방광불화엄경 강설』 입법계품에 들어가는 문수지남도는 북송北宋시대 불국佛國 선사가 선재동자가 53명의 선지식을 친견하여 법을 구하는 장면을 하나하나 그림으로 그린 것입니다.

대방광불화엄경 강설
제 12 권

七. 여래명호품如來名號品
八. 사성제품四聖諦品

실차난타實叉難陀 한역
무비스님 강설

서문

당신은 부처님.

부처님인 당신의 이름을 무엇으로 불러야 하겠습니까?

천백억화신 석가모니 부처님, 청정법신 비로자나 부처님, 원만보신 노사나 부처님, 서방정토 아미타 부처님, 무량광 부처님, 무량수 부처님.

우리들이 사는 사천하에서는 "혹은 이름이 비로자나毘盧遮那이며, 혹은 이름이 구담씨瞿曇氏이며, 혹은 이름이 대사문大沙門이며, 혹은 이름이 최승最勝이며, 혹은 이름이 도사導師이시니라. 이와 같은 이름이 그 수가 십천十千이니라. 모든 중생들로 하여금 제각기 다르게 알고 보게 하시느니라."라고 하였습니다.

달리 또 무엇이라고 불러야 부처님인 당신의 마음이 흡족하겠습니까. 그래서 처음도 당신은 부처님, 중간도 당신은 부처님, 끝도 당신은 부처님입니다.

우리들의 고통도 그대로 성스러운 진리입니다.

그 고통의 원인도 그대로 성스러운 진리입니다.

그 고통이 사라진 그 자리도 그대로 성스러운 진리입니다.

그 고통이 사라지게 하는 방법도 또한 그대로 성스러운 진리입니다.

모두가 성스러운 진리라는 사실에 눈을 뜨는 것밖에 달리 다른 길은 없습니다. 그 고통이라는 성스러운 진리가 아니었다면 어찌 이 위대한 화엄경에 눈뜰 수 있었겠습니까.

고통이라는 성스러운 진리에 눈을 뜰 때까지 화엄경에 정진합시다. 고통의 소멸이라는 성스러운 진리에 눈을 뜰 때까지 화엄경을 천착합시다.

나무 고집멸도보살마하살

나무 고집멸도보살마하살

나무 고집멸도보살마하살

2014년 8월 1일

신라 화엄종찰 금정산 범어사

如天 無比

대방광불화엄경 목차

제1권	1. 세주묘엄품世主妙嚴品 [1]		제18권	18. 명법품明法品
제2권	1. 세주묘엄품世主妙嚴品 [2]		제19권	19. 승야마천궁품昇夜摩天宮品
제3권	1. 세주묘엄품世主妙嚴品 [3]			20. 야마천궁게찬품夜摩天宮偈讚品
제4권	1. 세주묘엄품世主妙嚴品 [4]			21. 십행품十行品 [1]
제5권	1. 세주묘엄품世主妙嚴品 [5]		제20권	21. 십행품十行品 [2]
제6권	2. 여래현상품如來現相品		제21권	22. 십무진장품十無盡藏品
제7권	3. 보현삼매품普賢三昧品		제22권	23. 승도솔천궁품昇兜率天宮品
	4. 세계성취품世界成就品		제23권	24. 도솔궁중게찬품兜率宮中偈讚品
제8권	5. 화장세계품華藏世界品 [1]			25. 십회향품十廻向品 [1]
제9권	5. 화장세계품華藏世界品 [2]		제24권	25. 십회향품十廻向品 [2]
제10권	5. 화장세계품華藏世界品 [3]		제25권	25. 십회향품十廻向品 [3]
제11권	6. 비로자나품毘盧遮那品		제26권	25. 십회향품十廻向品 [4]
제12권	**7. 여래명호품如來名號品**		제27권	25. 십회향품十廻向品 [5]
	8. 사성제품四聖諦品		제28권	25. 십회향품十廻向品 [6]
제13권	9. 광명각품光明覺品		제29권	25. 십회향품十廻向品 [7]
	10. 보살문명품菩薩問明品		제30권	25. 십회향품十廻向品 [8]
제14권	11. 정행품淨行品		제31권	25. 십회향품十廻向品 [9]
	12. 현수품賢首品 [1]		제32권	25. 십회향품十廻向品 [10]
제15권	12. 현수품賢首品 [2]		제33권	25. 십회향품十廻向品 [11]
제16권	13. 승수미산정품昇須彌山頂品		제34권	26. 십지품十地品 [1]
	14. 수미정상게찬품須彌頂上偈讚品		제35권	26. 십지품十地品 [2]
	15. 십주품十住品		제36권	26. 십지품十地品 [3]
제17권	16. 범행품梵行品		제37권	26. 십지품十地品 [4]
	17. 초발심공덕품初發心功德品		제38권	26. 십지품十地品 [5]

제39권	26. 십지품 十地品 [6]
제40권	27. 십정품 十定品 [1]
제41권	27. 십정품 十定品 [2]
제42권	27. 십정품 十定品 [3]
제43권	27. 십정품 十定品 [4]
제44권	28. 십통품 十通品
	29. 십인품 十忍品
제45권	30. 아승지품 阿僧祇品
	31. 여래수량품 如來壽量品
	32. 보살주처품 菩薩住處品
제46권	33. 불부사의법품 佛不思議法品 [1]
제47권	33. 불부사의법품 佛不思議法品 [2]
제48권	34. 여래십신상해품 如來十身相海品
	35. 여래수호광명공덕품 如來隨好光明功德品
제49권	36. 보현행품 普賢行品
제50권	37. 여래출현품 如來出現品 [1]
제51권	37. 여래출현품 如來出現品 [2]
제52권	37. 여래출현품 如來出現品 [3]
제53권	38. 이세간품 離世間品 [1]
제54권	38. 이세간품 離世間品 [2]
제55권	38. 이세간품 離世間品 [3]
제56권	38. 이세간품 離世間品 [4]
제57권	38. 이세간품 離世間品 [5]
제58권	38. 이세간품 離世間品 [6]
제59권	38. 이세간품 離世間品 [7]
제60권	39. 입법계품 入法界品 [1]
제61권	39. 입법계품 入法界品 [2]
제62권	39. 입법계품 入法界品 [3]
제63권	39. 입법계품 入法界品 [4]
제64권	39. 입법계품 入法界品 [5]
제65권	39. 입법계품 入法界品 [6]
제66권	39. 입법계품 入法界品 [7]
제67권	39. 입법계품 入法界品 [8]
제68권	39. 입법계품 入法界品 [9]
제69권	39. 입법계품 入法界品 [10]
제70권	39. 입법계품 入法界品 [11]
제71권	39. 입법계품 入法界品 [12]
제72권	39. 입법계품 入法界品 [13]
제73권	39. 입법계품 入法界品 [14]
제74권	39. 입법계품 入法界品 [15]
제75권	39. 입법계품 入法界品 [16]
제76권	39. 입법계품 入法界品 [17]
제77권	39. 입법계품 入法界品 [18]
제78권	39. 입법계품 入法界品 [19]
제79권	39. 입법계품 入法界品 [20]
제80권	39. 입법계품 入法界品 [21]
제81권	40. 보현행원품 普賢行願品

대방광불화엄경 강설 제12권

七. 여래명호품 如來名號品

1. 서분
  1) 비로소 정각을 이루다 ··· 17
  2) 세존의 덕 ··· 19
  3) 보살 대중과 덕행 ··· 21

2. 40문의 법을 청하다
  1) 사유로 10문을 청하다 ·· 23
  2) 법을 청하는 까닭 ··· 25
  3) 불과의 인 10문 ·· 27
  4) 불과의 과 20문 ·· 28
    (1) 여래의 덕 10문 ·· 28
    (2) 여래의 체상 10문 ··· 29

3. 신통을 보이다 ··· 31

4. 시방의 보살 대중

1) 동방의 문수보살 ································ 33
2) 남방의 각수보살 ································ 35
3) 서방의 재수보살 ································ 37
4) 북방의 보수보살 ································ 38
5) 동북방의 공덕수보살 ··························· 39
6) 동남방의 목수보살 ····························· 41
7) 서남방의 정진수보살 ··························· 42
8) 서북방의 법수보살 ····························· 43
9) 하방의 지수보살 ································ 45
10) 상방의 현수보살 ······························· 46

5. 문수보살의 설법

1) 부처님 경계의 불가사의 ······················· 48
2) 여래의 종종 경계 ······························· 51
3) 사천하의 여래 명호 ····························· 52
  (1) 이곳 사천하의 10종 명호 ················ 52
  (2) 동방의 10종 명호 ·························· 55
  (3) 남방의 10종 명호 ·························· 56
  (4) 서방의 10종 명호 ·························· 57
  (5) 북방의 10종 명호 ·························· 59

- (6) 동북방의 10종 명호 ················· 60
- (7) 동남방의 10종 명호 ················· 61
- (8) 서남방의 10종 명호 ················· 62
- (9) 서북방의 10종 명호 ················· 63
- (10) 하방의 10종 명호 ················· 65
- (11) 상방의 10종 명호 ················· 66
- (12) 총결 ················· 67

4) 사바세계의 여래 명호 ················· 68
- (1) 동방의 10종 명호 ················· 68
- (2) 남방의 10종 명호 ················· 70
- (3) 서방의 10종 명호 ················· 71
- (4) 북방의 10종 명호 ················· 72
- (5) 동북방의 10종 명호 ················· 73
- (6) 동남방의 10종 명호 ················· 75
- (7) 서남방의 10종 명호 ················· 76
- (8) 서북방의 10종 명호 ················· 77
- (9) 하방의 10종 명호 ················· 78
- (10) 상방의 10종 명호 ················· 80
- (11) 총결 ················· 81

5) 세계 차별의 이유 ················· 83

八. 사성제품 四聖諦品

1. 사바세계의 사성제
1) 고성제의 10종 이름 ········· 87
2) 고집성제의 10종 이름 ········· 89
3) 고멸성제의 10종 이름 ········· 91
4) 고멸도성제의 10종 이름 ········· 92

2. 동방 밀훈세계의 사성제
1) 고성제의 10종 이름 ········· 94
2) 고집성제의 10종 이름 ········· 96
3) 고멸성제의 10종 이름 ········· 97
4) 고멸도성제의 10종 이름 ········· 98

3. 남방 최승세계의 사성제
1) 고성제의 10종 이름 ········· 100
2) 고집성제의 10종 이름 ········· 101
3) 고멸성제의 10종 이름 ········· 102
4) 고멸도성제의 10종 이름 ········· 104

4. 서방 이구세계의 사성제
1) 고성제의 10종 이름 ········· 106
2) 고집성제의 10종 이름 ········· 107
3) 고멸성제의 10종 이름 ········· 109
4) 고멸도성제의 10종 이름 ········· 110

5. 북방 풍일세계의 사성제
  1) 고성제의 10종 이름 ················· 112
  2) 고집성제의 10종 이름 ················113
  3) 고멸성제의 10종 이름 ················ 114
  4) 고멸도성제의 10종 이름 ················115

6. 동북방 섭취세계의 사성제
  1) 고성제의 10종 이름 ················· 117
  2) 고집성제의 10종 이름 ················118
  3) 고멸성제의 10종 이름 ················· 119
  4) 고멸도성제의 10종 이름 ················120

7. 동남방 요익세계의 사성제
  1) 고성제의 10종 이름 ················· 122
  2) 고집성제의 10종 이름 ················123
  3) 고멸성제의 10종 이름 ················· 124
  4) 고멸도성제의 10종 이름 ················125

8. 서남방 선소세계의 사성제
  1) 고성제의 10종 이름 ················· 127
  2) 고집성제의 10종 이름 ················128
  3) 고멸성제의 10종 이름 ················· 129
  4) 고멸도성제의 10종 이름 ················130

9. 서북방 환희세계의 사성제
   1) 고성제의 10종 이름 ················· 132
   2) 고집성제의 10종 이름 ···············133
   3) 고멸성제의 10종 이름 ··············· 134
   4) 고멸도성제의 10종 이름 ···············135

10. 하방 관약세계의 사성제
   1) 고성제의 10종 이름 ················· 137
   2) 고집성제의 10종 이름 ···············138
   3) 고멸성제의 10종 이름 ··············· 139
   4) 고멸도성제의 10종 이름 ···············140

11. 상방 진음세계의 사성제
   1) 고성제의 10종 이름 ················· 142
   2) 고집성제의 10종 이름 ···············143
   3) 고멸성제의 10종 이름 ··············· 144
   4) 고멸도성제의 10종 이름 ···············145

12. 모든 세계의 총결
   1) 시방세계 ···························· 147
   2) 일체 세계 ···························148

대방광불화엄경 강설

제12권

七. 여래명호품

화엄경 7처 9회 39품의 설법 중 앞서 설한 제1회 6품은 불법에 마음을 내었으면 무엇을 믿을 것인가, 그 믿을 대상이 되는 부처님의 과위果位의 공덕을 보였다. 다음 제2회의 6품은 보광명전普光明殿에서 문수보살이 회주가 되어 부처님의 과위를 믿어 들어가는 십신법十信法을 설하였다. 6품 중 제1품, 즉 전체적으로 제7품에 해당하는 여래명호품如來名號品은 처음에는 제2회 설법의 서론을 말하고, 다음으로 50구句의 40문問을 설하고, 다음으로는 시방세계에 있는 부처님의 명호를 설하였다. 부처님께서는 중생을 교화하고 조복하고 제도하는 일에 모든 근기와 수준에 맞추어 가지가지 미묘한 상호를 보이고 또한 자유롭게 화현하여 보인다. 그런 까닭에 부처님의 명호는 덕을 표현하는 것이므로 여래십호如來十號를 중심으로 무수한 명호를 설하여 여래가 하시는 교화를 보인 것이다.

　　앞의 품에서 청정법신 비로자나 여래의 오래고도 오랜 역사를 읽었다. 그 긴 겁을 수행해 온 여래의 덕화를 어찌 한두 가지나 열 가지, 스무 가지 이름으로 표현하고 말 수 있겠는가. 그래서 그 명호만을 한 품으로 삼았다.

1. 서분序分

1) 비로소 정각正覺을 이루다

爾時_에 世尊_이 在摩竭提國阿蘭若法菩提場
中_{하사} 始成正覺_{하사} 於普光明殿_에 坐蓮華藏獅
子之座_{하시니라}

그때에 세존이 마갈제국摩竭提國 아란야 법 보리도량에 계시면서 비로소 정각을 이루시고 보광명전普光明殿 연화장蓮華藏 사자좌에 앉으시었습니다.

화엄경 첫 구절에 이와 같이 되어 있다. "이와 같은 사실을 제가 들었습니다. 어느 날 부처님이 마갈제국摩竭提國 아란야 법 보리도량에 계시면서 비로소 정각을 이루시었습니다." 그래서 제1회 설법의 장소는 보리도량이다. 제2회 설법의 장소는 보리도량에서 비로소 정각을 이루시고 보광명전 연화장 사자좌에 앉으셨다고 하였으므로 보광명전이 된다. 보광명전에 대해서는 "보리도량에서 동남쪽으로 3리쯤의 거리 니련선하[熙連河]가 굽어 흐르는 곳에 그 강에 사는 용이 부처님을 위해서 보광명전을 지었다."[1]라고 하였다.

화엄경이 무려 일곱 번째 품에 이르렀는데 왜 다시 "비로소 정각을 이루시었다."라고 하였는가. 부처님은 평범한 일상생활을 하더라도 언제나 정각을 떠나지 않으시고, 어떤 경을 설하더라도 정각을 떠나지 않고 정각에 입각하여 경을 설하신다. 불교를 믿고 불교를 공부하고 경전을 읽는 사람은 결코 잊어서는 안 될 것이 이 정각이라는 사실임을 일깨워 주기 위함이다. 하물며 화엄경은 한순간도 정각을 벗어나서 존재하지 않는다는 사실이다. 그러므로 구구절절 모두가 정각의 한 표현이다.

---

1) 別顯說處:處在菩提場東南可三里許熙連河 曲. 彼河之龍爲佛造此.

2) 세존의 덕德

묘 오 개 만
妙悟皆滿하시며

묘한 깨달음이 다 원만하시며,

부처님의 덕을 어찌 열 구절로 다 표현할 수 있겠는가마는 간략히 밝혀 보았다. '묘한 깨달음[妙悟]'은 혹 선각善覺이며 혹 정각正覺이라고도 하였다. 묘妙와 선善과 정正은 같은 의미이다. 진제와 속제를 쌍으로 밝게 비추기 때문에 '묘한 깨달음'이라고 한다. 부처님의 덕을 칭송하는 데는 깨달음이 최상이다. 깨달음에 의하여 부연할 내용이 있게 되었기 때문이다.

이 행 영 절
二行永絶하시며

두 가지 행行이 길이 끊어지셨으며,

번뇌의 장애와 알 바의 장애[煩惱所知], 생사와 열반, 이것이 모두 두 가지 행이다. 생사든 열반이든 전혀 앞에 나타나지 않기 때문에 영원히 끊어졌다고 한다.

달무상법 주어불주 득불평등
達無相法하시며 **住於佛住**하시며 **得佛平等**하시며
도무장처 불가전법 소행무애 입부
到無障處와 **不可轉法**하시며 **所行無礙**하시며 **立不**
사의 보견삼세
思議하시며 **普見三世**하시나라

모양 없는 법을 통달하셨으며, 부처님 머무는 데 머무셨으며, 부처님의 평등을 얻으셨으며, 장애 없는 곳에 이르셨으며, (외도가) 법을 가히 굴릴 수 없으며, 행하는 바가 걸림이 없으시며, 헤아릴 수 없는 뜻을 세우시며, 삼세를 두루 다 보시었습니다.

청정한 진여가 형상이 없는 법이다. 진공묘유의 이치가 모양 없는 법이다. 여래는 항상 대자비에 머문다. 그것이 부

처님이 머무는 곳에 머무시는 일이다. 부처님이 설하시는 교법을 외도나 마군들은 능히 굴리지 못한다. "헤아릴 수 없는 뜻을 세운다."는 것은 모든 세간에 행하더라도 어기고 수순하는 마군이나 원수가 능히 장애하지 못한다는 것이다.

3) 보살 대중과 덕행

여 십 불 찰 미 진 수 제 보 살   구   막 불 개 시
與十佛刹微塵數諸菩薩로 **俱**하시니 **莫不皆是**

일 생 보 처   실 종 타 방   이 공 래 집   보 선 관
一生補處라 **悉從他方**하야 **而共來集**하나라 **普善觀**

찰 제 중 생 계   법 계   세 계   열 반 계   제 업 과 보
察諸衆生界와 **法界**와 **世界**와 **涅槃界**와 **諸業果報**와

심 행 차 제   일 체 문 의   세 출 세 간   유 위 무 위
心行次第와 **一切文義**와 **世出世間**과 **有爲無爲**와

과 현 미 래
過現未來하시니라

　　십불찰+佛刹 미진수의 모든 보살과 더불어 함께하시

니, 모두 일생보처一生補處 아님이 없었는데 모두 다른 지방으로부터 함께 와서 모였느니라. 모든 중생계와 법계와 세계와 열반계와 모든 업의 과보와 마음으로 행하는 차례와 일체 글의 뜻과 세간과 출세간과 함이 있고 함이 없음과 과거 현재 미래를 두루 잘 관찰하셨느니라.

세존이 대중과 함께 계심을 밝혔는데 그 수효가 무려 십불찰十佛剎 미진수이다. 모두가 미륵보살처럼 수행이 충만하여 다음 생에는 곧바로 부처님이 되실 일생보처一生補處의 자격을 갖추었다. 타방에서 왔다는 것은 앞에서 소개되었던 옛 보살들이 아님을 밝힌 것이다.

또 열 개의 구절로 보살의 덕을 밝혔는데 모두가 선관찰善觀察이다. 중생계와 법계와 세계와 열반계 등 진제와 속제를 두루 다 관찰하였다는 뜻이다. 일생보처보살로서 중생들을 교화하려면 모든 세계와 모든 경계를 잘 관찰하여야 하리라.

2. 40문間의 법을 청하다

1) 사유思惟로 10문問을 청하다

<u>시</u>　<u>제보살</u>　<u>작시사유</u>　　<u>약세존</u>　<u>견민아</u>
時에 **諸菩薩**이 **作是思惟**하대 **若世尊**이 **見愍我**

<u>등</u>　　<u>원수소락</u>　　<u>개시불찰</u>　<u>불주</u>　<u>불찰장</u>
等이신댄 **願隨所樂**하사 **開示佛刹**과 **佛住**와 **佛刹莊**

<u>엄</u>　<u>불법성</u>　<u>불찰청정</u>　<u>불소설법</u>　<u>불찰체성</u>
嚴과 **佛法性**과 **佛刹淸淨**과 **佛所說法**과 **佛刹體性**과

<u>불위덕</u>　<u>불찰성취</u>　<u>불대보리</u>
佛威德과 **佛刹成就**와 **佛大菩提**케하소서

　　이때에 모든 보살들이 이러한 생각을 하였느니라. '만약 세존이 우리들을 불쌍히 여기신다면, 원컨대 좋아하는 바를 따라 부처님 세계와 부처님이 머무심과 부처님 세계의 장엄과 부처님 법의 성품과 부처님 세계의 청정함과 부처님이 말씀하신 법과 부처님 세계의 체성

과 부처님의 위덕과 부처님 세계의 성취와 부처님의 큰 보리를 열어 보이소서.'

여래명호품 서두에서는 모든 보살들이 사유思惟로써 50구句 중 40문問을 밝힌 것이 중요하다. 먼저 10문을 들었다. 화엄경을 이해하는 길에는 부처님의 의보依報와 정보正報를 나누어서 보는 방법이 있다. 여기 10문에서는 불찰과 불찰장엄과 불찰청정과 불찰체성과 불찰성취가 의보이고 나머지는 정보에 해당한다. 이와 같이 의보와 정보를 사유로 질문한 것이 된다. 열 가지 질문은 모두 부처님의 경계와 부처님의 세계에 대한 것이다. 그런데 이 40가지 질문의 답은 앞에서 이미 설법한 내용에서도 찾을 수 있고 뒤에서 자세히 설법하는 데서 밝혀지기도 한다. 어느 한 품에만 있지 않고 화엄경 전반에 걸쳐서 설해진다.

2) 법을 청하는 까닭

如十方一切世界_의 諸佛世尊_이 爲成就一切菩薩故_며 令如來種性不斷故_며 救護一切衆生故_며 令諸衆生_{으로} 永離一切煩惱故_며 了知一切諸行故_며 演說一切諸法故_며 淨除一切雜染故_며 永斷一切疑網故_며 拔除一切希望故_며 滅壞一切愛着處故_{니라}

'시방 일체 세계의 모든 부처님 세존이 일체 보살을 성취케 하는 연고며, 여래의 종성種性으로 하여금 끊어지지 않게 하는 연고며, 일체 중생을 구호하는 연고며, 모든 중생으로 하여금 영원히 일체 번뇌를 여의게 하는 연고며, 일체 모든 행을 분명히 아는 연고며, 일체 모든 법을 연설하는 연고며, 일체 더러움을 깨끗이 씻어 내는 연고며, 일체 의심의 그물을 영원히 끊는 연고며, 일체 희망을 뽑아 제거하는 연고며, 일체 좋아하고 집착하는 곳을 깨뜨려 소멸하는 연고니라.'

부처님께 법을 청할 때는 그 이유가 앞의 10문과 같이 부처님의 경계와 부처님의 세계에 대해서 궁금하기 때문이기도 하지만, 대개는 중생들을 위한 큰 자비심 때문이다. 질문을 통하여 답을 얻으면 질문하는 사람에게도 이익이 있지만 실은 중생들에게 자비심으로 이익을 베풀고자 하는 것이 더 큰 이유이다.

여기에서 질문한 열 가지 이유는 불교가 세상에 존재하는 이유이기도 하며, 불교도가 불교를 믿고 불교를 공부하고 수행하고 깨닫고 전법하는 이유이기도 하다. 청량국사는 이와 같이 설명하였다. "일체 보살을 성취하면 자비와 지혜를 갖추게 되고, 자비와 지혜를 갖추는 것은 무엇을 하기 위함인가. 부처님의 종성種性이 끊어지지 않게 하기 위함이다. 부처님의 종성이 끊어지지 않는 것은 어떤 모습인가. 삼덕三德을 이루게 되나니, 중생을 구호하면 은덕恩德을 성취하고, 영원히 번뇌를 끊으면 단덕斷德을 성취하게 되고, 모든 행을 깨달아 알면 지덕智德을 성취하게 된다."[2]

3) 불과佛果의 인因 10문문問

說諸菩薩의 十住와 十行과 十廻向과 十藏과 十地와 十願과 十定과 十通과 十頂하소서

'모든 보살의 10주+住와 10행+行과 10회향+廻向과 10장+藏과 10지+地와 10원+願과 10정+定과 10통+通과 10정+頂을 말씀하여 주소서.'

보살이 수행하여 불과를 증득해 가는 데 이와 같은 여러 가지의 수행법이 있다. 이것을 불과의 원인이라 한다. 십인

---

[2] 又成菩薩行具悲智也. 具此悲智何所爲耶. 令佛種不斷. 種不斷有何相耶. 謂成三德: 救護衆生成就恩德. 永斷煩惱成於斷德. 了知諸行成於智德.

+忍은 생략되었다. 십장+藏은 십무진장품이다. 십정+頂은 십인 이후의 심지법문心地法門이 이것이다. 십원+願은 십지의 초지 중에 겸하여 설하였다. 일일이 품이 있어 자세하게 설하였다. 제1회의 설법이 부처님이 성불하는 과정을 밝혔다면, 제2회의 설법은 보살이 성불하는 과정을 밝힌 법문이라고 할 수 있다.

4) 불과佛果의 과果 20문問

(1) 여래의 덕德 10문

급설여래지   여래경계   여래신력   여래
及說如來地와 **如來境界**와 **如來神力**과 **如來**

소행   여래력   여래무외   여래삼매   여래신
所行과 **如來力**과 **如來無畏**와 **如來三昧**와 **如來神**

통   여래자재   여래무애
通과 **如來自在**와 **如來無礙**와

'또 여래의 지위와 여래의 경계와 여래의 신력과 여래의 행하는 바와 여래의 힘과 여래의 두려움 없음과

여래의 삼매와 여래의 신통과 여래의 자재와 여래의 걸림 없음을 설하여 주소서.'

이 열 가지 질문은 불과佛果에 대한 것이다. 보살이 수행을 쌓아서 묘각妙覺의 경지인 불과를 증득했을 때 그 불과의 내용을 구체적으로 설명하면 위의 경문에서 소개한 내용들이다. 이러한 내용들을 보면 제1회에서 설한 여섯 품의 경전이 모두 불과의 덕이라고 볼 수 있을 것이다.

(2) 여래의 체상體相 10문

如來眼과 如來耳와 如來鼻와 如來舌과 如來身과 如來意와 如來辯才와 如來智慧와 如來最勝하시나니

願佛世尊도 亦爲我說하소서

'여래의 눈과 여래의 귀와 여래의 코와 여래의 혀와 여래의 몸과 여래의 뜻과 여래의 변재辯才와 여래의 지

혜와 여래의 가장 수승함을 말씀하시니, 원컨대 부처님께서 또한 저희들을 위하여 말씀해 주옵소서.'

이와 같이 모든 보살들이 생각으로 법을 청하였다. 역시 불과를 청한 내용인데 여래의 체상을 9문으로 질문하였다. 여래의 6근과 어업語業인 변재와 의업意業인 지혜와 신업身業인 최수승을 달리 표현하여 물었다.

3. 신통을 보이다

이 시　　세 존　　지 제 보 살 심 지 소 념　　　각 수
爾時에 **世尊**이 **知諸菩薩心之所念**하시고 **各隨**

기 류　　　위 현 신 통
其類하사 **爲現神通**하시니라

　그때에 세존이 모든 보살들의 마음에 생각한 바를 아시고 각각 그 종류를 따라서 신통을 나타내시었느니라.

　부처님의 신통이란 무엇인가. 위에서 말한 여래 체상의 눈과 귀와 코와 혀와 몸과 뜻과 변재와 지혜와 가장 수승함으로 인연을 따라 상황을 따라 천변만화하며 작용하는 것이다. 방거사龐居士가 말하지 않았던가. "신통과 묘용이여, 물을 긷고 나무를 운반하는 것이라네."라고. 평상시 보고 듣고 말하고 글을 읽고 글을 쓰는 이와 같은 일상사에서 천백억 화신으로 나타내는 미묘한 작용 바로 그것이다.

그러나 "모든 보살들의 마음에 생각한 바를 아시고 각각 그 종류를 따라서 신통을 나타내었다."라고 한 것은 경전상 그때그때 보살의 지위에 따라, 설법이 다를 때마다 광명을 나타내는 것을 다르게 하면서 지위의 차별을 상징적으로 보이는 등등의 내용을 말한다. 발가락 끝에서 광명을 놓거나 발등에서 광명을 놓거나 미간에서 광명을 놓는 것 등이 그것이다.

4. 시방의 보살 대중

1) 동방의 문수文殊보살

現신통이 東方過十佛刹微塵數世界하야 有
現神通已에 東方過十佛刹微塵數世界하야 有

세계 명금색 불호 부동지 피세계중
世界하니 名金色이요 佛號는 不動智시며 彼世界中에

유보살 명문수사리 여십불찰미진수제보
有菩薩하니 名文殊師利라 與十佛刹微塵數諸菩

살 구 내예불소 도이작례 즉어동방
薩로 俱하야 來詣佛所하사 到已作禮하고 卽於東方에

화작연화장사자지좌 결가부좌
化作蓮華藏獅子之座하사 結跏趺坐하시니라

　　신통을 나타내시고 난 뒤, 동방으로 십불찰 미진수 세계를 지나서 세계가 있으니 이름이 금색金色이요, 부처님 명호는 부동지不動智이시며, 저 세계 가운데 보살이

七. 여래명호품如來名號品

있으니 문수사리文殊師利이니라. 십불찰 미진수의 여러 보살로 더불어 함께하여 부처님 계신 곳에 나아가 예배하고 곧 동방에 연화장 사자좌를 변화하여 만들어서 결가부좌하고 앉으시니라.

십불찰 미진수 세계란 열 개의 세계를 작은 먼지로 만들었을 때 그 수효와 같이 많은 세계를 이른다. 아마도 수천억 조의 세계보다도 수천억 조 곱절 더 많은 숫자일 것이다. 시방세계의 세계 이름과 부처님의 명호와 보살의 이름을 열거한다.

국토마다 부처님의 명호가 다 같은 지혜[智]인데 이것은 제2회 법문 즉 믿음의 법문을 펴려는 관점에서 보면, 믿음만 있고 지혜가 없으면 무명만 증장하기 때문이고 또 믿음 가운데 지혜가 있으면 본래 갖추고 있는 깨달음[本覺]을 일으킬 수 있기 때문이다. 불교 수행이란 곧 본래 갖추고 있는 깨달음[本覺]을 일깨우는 일이다.

부처님의 명호가 부동지不動智인 것은 본래의 지혜며, 근본 지혜며, 사람들이 본래 갖추고 있는 지혜이기 때문에 그

누구도 움직일 수 없는 지혜를 말함이다.

 십불찰 미진수의 보살들 중에 대표가 되는 보살의 이름에 모두 수首라는 이름을 놓은 것은 범어로는 실리室利인데 그 뜻은 으뜸이며 수승함이며 길상이며 덕이다. 번역하는 사람이 으뜸이라는 수首 자를 가져온 것이다. 문수사리의 사리도 실리室利며 길상이며 수首다. 불법에는 무엇보다 믿음이 가장 으뜸이 되기 때문이다. 또 믿음은 참으로 얻기 어렵다. 믿음의 중요성은 현수품賢首品에서 잘 밝히고 있다.

2) 남방의 각수覺首보살

南方過十佛刹微塵數世界하야 有世界하니 名
妙色이요 佛號는 無礙智시며 彼有菩薩하니 名曰覺
首라 與十佛刹微塵數諸菩薩로 俱하야 來詣佛所

到已作禮ᄒᆞ고 卽於南方에 化作蓮華藏獅子之座ᄒᆞ사 結跏趺坐ᄒᆞ시니라
_{도이작례} _{즉어남방} _{화작연화장사자}
_{지좌} _{결가부좌}

 남방으로 십불찰 미진수 세계를 지나서 세계가 있으니 이름이 묘색妙色이요, 부처님 명호는 무애지無礙智이시며, 그곳에 보살이 있으니 이름이 각수覺首니라. 십불찰 미진수의 여러 보살로 더불어 함께하여 부처님 계신 곳에 나아가 예배하고 곧 남방에 연화장 사자좌를 변화하여 만들어서 결가부좌하고 앉으시니라.

 부처님의 명호가 무애지無礙智인 것은 본래로 갖추고 있는 지혜는 어디에도 걸림이 없는 지혜를 말함이다. 수행을 한 뒤에 새롭게 얻어진 지혜는 걸림이 있고 다시 없어질 수도 있는 것이다. 대표 보살의 이름이 각수覺首인 것은 불법에는 무엇보다 깨달음이 으뜸이라는 뜻이다.

3) 서방의 재수財首보살

西方過十佛刹微塵數世界하야 有世界하니 名
蓮華色이요 佛號는 滅闇智시며 彼有菩薩하니 名曰
財首라 與十佛刹微塵數諸菩薩로 俱하야 來詣佛
所하사 到已作禮하고 卽於西方에 化作蓮華藏獅
子之座하사 結跏趺坐하시니라

서방으로 십불찰 미진수 세계를 지나서 세계가 있으니 이름이 연화색蓮華色이요, 부처님 명호는 멸암지滅闇智이시며, 그곳에 보살이 있으니 이름이 재수財首니라. 십불찰 미진수의 여러 보살로 더불어 함께하여 부처님 계신 곳에 나아가 예배하고 곧 서방에 연화장 사자좌를 변화하여 만들고 결가부좌하고 앉으시니라.

부처님의 명호가 멸암지滅闇智인 것은 부처님은 중생의 어

리석음이라는 어둠을 소멸하여 지혜의 밝음을 드러내는 데 그 교화의 목적이 있기 때문이다. 대표 보살의 이름이 재수財首인 것은 믿음은 이 세상에서 그 어떤 재산보다도 소중한, 가장 소중한 재산이 된다는 의미이다.

4) 북방의 보수寶首보살

北方過十佛刹微塵數世界하야 有世界하니 名
북방과십불찰미진수세계　　유세계　　명

蒼蔔華色이요 佛號는 威儀智시며 彼有菩薩하니 名
담복화색　　불호　위의지　　피유보살　　명

曰寶首라 與十佛刹微塵數諸菩薩로 俱하야 來詣
왈보수　여십불찰미진수제보살　구　　내예

佛所하사 到已作禮하고 卽於北方에 化作蓮華藏獅
불소　　도이작례　　즉어북방　화작연화장사

子之座하사 結跏趺坐하시니라
자지좌　　결가부좌

　북방으로 십불찰 미진수 세계를 지나서 세계가 있으

니 이름이 담복화색薝蔔華色이요, 부처님 명호는 위의지威儀智시며, 그곳에 보살이 있으니 이름이 보수寶首니라. 십불찰 미진수의 여러 보살로 더불어 함께하여 부처님 처소에 나아가 예배하고 곧 북방에 연화장 사자좌를 변화하여 만들고 결가부좌하고 앉으시니라.

부처님의 명호가 위의지威儀智인 것은 짓는 업의 선과 악을 잘 알아서 위의를 범하지 않는다는 뜻이다. 보살의 이름이 보수寶首인 것은 불법을 공부하여 인생의 바른 길을 가는 데는 바른 믿음이 가장 값진 보물이 되기 때문이다.

5) 동북방의 공덕수功德首보살

東北方過十佛刹微塵數世界하야 有世界하니
동북방과십불찰미진수세계　　유세계

名優鉢羅華色이요 佛號는 明相智시며 彼有菩薩하니
명우발라화색　불호　명상지　피유보살

_{명공덕수} _{여십불찰미진수제보살} _구 _내
名功德首라 **與十佛刹微塵數諸菩薩**로 **俱**하야 **來**

_{예불소} _{도이작례} _{즉어동북방} _{화작연}
詣佛所하사 **到已作禮**하고 **卽於東北方**에 **化作蓮**

_{화장사자지좌} _{결가부좌}
華藏獅子之座하사 **結跏趺坐**하시니라

 동북방으로 십불찰 미진수 세계를 지나서 세계가 있으니 이름이 우발라화색優鉢羅華色이요, 부처님 명호는 명상지明相智시며, 그곳에 보살이 있으니 이름이 공덕수功德首니라. 십불찰 미진수의 여러 보살로 더불어 함께하여 부처님 계신 곳에 나아가 예배하고 곧 동북방에 연화장 사자좌를 변화하여 만들고 결가부좌하고 앉으시니라.

 부처님의 명호가 명상지明相智인 것은 법상法相에 밝다는 뜻이며 부처님의 덕을 알면 마음이 명백하여진다는 뜻이다. 보살의 이름이 공덕수功德首인 것은 여래의 설법의 공덕을 깨달아 잘 안다는 뜻이다. 우발라화색優鉢羅華色이란 청련화青蓮華다. 연화 중에는 청련을 제일로 삼는다.

6) 동남방의 목수目首보살

東南方過十佛刹微塵數世界하야 有世界하니
동남방과십불찰미진수세계   유세계

名金色이요 佛號는 究竟智시며 彼有菩薩하니 名目
명금색   불호   구경지   피유보살   명목

首라 與十佛刹微塵數諸菩薩로 俱하야 來詣佛所
수   여십불찰미진수제보살   구   내예불소

하사 到已作禮하고 卽於東南方에 化作蓮華藏獅
     도이작례   즉어동남방   화작연화장사

子之座하사 結跏趺坐하시니라
자지좌   결가부좌

　동남방으로 십불찰 미진수 세계를 지나서 세계가 있으니 이름이 금색金色이요, 부처님 명호는 구경지究竟智시며, 그곳에 보살이 있으니 이름이 목수目首니라. 십불찰 미진수의 여러 보살로 더불어 함께하여 부처님 계신 곳에 나아가 예배하고 즉시 동남방에 연화장 사자좌를 변화하여 만들고 결가부좌하고 앉으시니라.

　부처님의 명호가 구경지究竟智인 것은 세상에는 지혜도 많

지만 부처님이 깨달으신 지혜가 최궁극의 지혜인 까닭에 구경지이다. 보살의 이름이 목수目首인 것은 사람을 가르쳐서 복전福田으로 인도하는 데는 안목이 중요하며, 몸을 작용하는 데는 눈이 가장 중요하기 때문이다.

7) 서남방의 정진수精進首보살

<small>서남방과 십불찰미진수세계　　유세계</small>
西南方過十佛刹微塵數世界하야 **有世界**하니

<small>명보색　　불호　　최승지　　피유보살　　명정</small>
名寶色이요 **佛號**는 **最勝智**시며 **彼有菩薩**하니 **名精**

<small>진수　　여십불찰미진수제보살　　구　　내예불</small>
進首라 **與十佛刹微塵數諸菩薩**로 **俱**하야 **來詣佛**

<small>소　　도이작례　　즉어서남방　　화작연화장</small>
所하사 **到已作禮**하고 **卽於西南方**에 **化作蓮華藏**

<small>사자지좌　　결가부좌</small>
獅子之座하사 **結跏趺坐**하시니라

서남방으로 십불찰 미진수 세계를 지나서 세계가 있

으니 이름이 보색寶色이요, 부처님 명호는 최승지最勝智시며, 그곳에 보살이 있으니 이름이 정진수精進首니라. 십불찰 미진수의 여러 보살로 더불어 함께하여 부처님 계신 곳에 나아가 예배하고 곧 서남방에 연화장 사자좌를 변화하여 만들고 결가부좌하고 앉으시니라.

부처님이 깨달으신 지혜를 가장 수승한 지혜, 최승지最勝智라 한다. 가장 수승한 지혜를 얻으려면 정진이 으뜸이다. 그래서 보살의 이름이 정진수精進首다.

8) 서북방의 법수法首보살

서북방과 십불찰미진수세계   유세계
西北方過十佛刹微塵數世界하야 **有世界**하니

명금강색   불호   자재지   피유보살   명
名金剛色이요 **佛號**는 **自在智**시며 **彼有菩薩**하니 **名**

법수   여십불찰미진수제보살   구   내예불
法首라 **與十佛刹微塵數諸菩薩**로 **俱**하야 **來詣佛**

소　　도이작례　　즉어서북방　화작연화장
所하사 **到已作禮**하고 **卽於西北方**에 **化作蓮華藏**

사자지좌　　결가부좌
獅子之座하사 **結跏趺坐**하시니라

　서북방으로 십불찰 미진수 세계를 지나서 세계가 있으니 이름이 금강색金剛色이요, 부처님 명호는 자재지自在智시며, 그곳에 보살이 있으니 이름이 법수法首니라. 십불찰 미진수의 여러 보살로 더불어 함께하여 부처님 계신 곳에 나아가 예배하고 곧 서북방에 연화장 사자좌를 변화하여 만들고 결가부좌하고 앉으시니라.

　부처님의 명호가 자재지自在智인 것은 깨달음의 지혜는 무엇에나 걸림이 없이 자유자재하여야 하기 때문이다. 보살의 이름이 법수法首인 것은 불교의 바다가 넓고 넓지만 법이 으뜸이기 때문이다.

9) 하방의 지수智首보살

하방과십불찰미진수세계 유세계 명
下方過十佛剎微塵數世界하야 **有世界**하니 **名**

파려색 불호 범지 피유보살 명지수
玻瓈色이요 **佛號**는 **梵智**시며 **彼有菩薩**하니 **名智首**라

여십불찰미진수제보살 구 내예불소
與十佛剎微塵數諸菩薩로 **俱**하야 **來詣佛所**하사

도이작례 즉어하방 화작연화장사자지좌
到已作禮하고 **卽於下方**에 **化作蓮華藏獅子之座**

결가부좌
하사 **結跏趺坐**하시니라

    하방으로 십불찰 미진수 세계를 지나서 세계가 있으니 이름이 파려색玻瓈色이요, 부처님 명호는 범지梵智시며, 그곳에 보살이 있으니 이름이 지수智首니라. 십불찰 미진수의 여러 보살로 더불어 함께하여 부처님 계신 곳에 나아가 예배하고 곧 하방에 연화장 사자좌를 변화하여 만들고 결가부좌하고 앉으시니라.

    부처님의 명호가 범지梵智인데 범은 청정하며 뛰어난 지혜

라는 뜻이다. 역시 깨달음의 지혜를 뜻한다. 보살의 이름이 지수智首인 것은 불법에는 언제나 지혜가 으뜸이라는 뜻이다.

10) 상방의 현수賢首보살

上方過十佛刹微塵數世界_{하야} 有世界_{하니} 名平等色_{이요} 佛號_는 觀察智_{시며} 彼有菩薩_{하니} 名賢首_라 與十佛刹微塵數諸菩薩_로 俱_{하야} 來詣佛所_{하사} 到已作禮_{하고} 卽於上方_에 化作蓮華藏獅子之座_{하사} 結跏趺坐_{하시니라}

상방으로 십불찰 미진수 세계를 지나서 세계가 있으니 이름이 평등색平等色이요, 부처님 명호는 관찰지觀察智시며, 그곳에 보살이 있으니 이름이 현수賢首니라. 십불찰 미진수의 여러 보살로 더불어 함께하여 부처님 계신 곳에 나아가 예배하고 곧 상방에 연화장 사자좌를 변화하여 만들고 결가부좌하고 앉으시니라.

부처님의 명호가 관찰지觀察智인 것은 깨달음의 지혜는 세간법과 출세간법을 빠짐없이 관찰하기 때문이다. 보살의 이름이 현수賢首인 것은 보살이 행하는 법은 현성법賢聖法을 으뜸으로 여기기 때문이다.

이와 같은 열 명의 보살이 각각 십불찰 미진수의 대중들을 거느리고 부처님 처소에 이르러 예배를 드리고 각자의 방향에다 연화장 사자좌를 변화하여 만들고 결가부좌하고 앉으시었다.

5. 문수보살의 설법

1) 부처님 경계의 불가사의

이 시　문 수 사 리 보 살 마 하 살　승 불 위 력
爾時에 **文殊師利菩薩摩訶薩**이 **承佛威力**하사

보 관 일 체 보 살 중 회　　이 작 시 언
普觀一切菩薩衆會하고 **而作是言**하시니라

그때에 문수사리 보살마하살이 부처님의 위신력을 받들어 일체 보살 대중들을 두루 관찰하고 이러한 말씀을 하셨느니라.

차 제 보 살　심 위 희 유　　제 불 자　불 국 토
此諸菩薩이 **甚爲希有**로다 **諸佛子**야 **佛國土**가

불 가 사 의　불 주　불 찰 장 엄　불 법 성　불 찰 청
不可思議며 **佛住**와 **佛刹莊嚴**과 **佛法性**과 **佛刹淸**

정　　　불설법　　　불출현　　　불찰성취　　　불아녹다라
淨과 佛說法과 佛出現과 佛刹成就와 佛阿耨多羅
삼먁삼보리　　개불가사의
三藐三菩提가 皆不可思議니라

"이 모든 보살들이 심히 희유希有하도다. 여러 불자들이여, 부처님의 국토는 불가사의하며, 부처님의 머무심과 부처님 세계의 장엄과 부처님 법의 성품과 부처님 세계의 청정함과 부처님의 설법과 부처님의 출현함과 부처님 세계의 성취와 부처님의 아뇩다라삼먁삼보리가 불가사의하니라."

먼저 보살들의 희유함을 말하고, 다음으로 앞에서 질문하였던 내용을 다시 이끌어 부처님 경계의 불가사의함을 밝혔다. 앞으로 시방세계 무수한 부처님의 명호가 열거될 것이다. 만약 부처님이 한두 분뿐이라면 그 위대성과 불가사의성을 이야기하더라도 수긍이 가겠으나 별의별 이름을 가진 부처님을 알게 되면 "부처님은 간단하다. 부처님은 알기 쉽다. 부처님은 별것이 아니다."라는 잘못된 생각을 할 수 있을 것이다. 그러므로 일찍이 부처님의 위대성과 불가사의성을 먼저 인식시키는 것이리라.

何以故오 諸佛子야 十方世界一切諸佛이 知
諸衆生의 樂欲不同하사 隨其所應하야 說法調伏
하사대 如是乃至等法界虛空界시니라

"무슨 까닭인가. 모든 불자들이여, 시방세계의 일체 부처님들이 모든 중생의 좋아함과 욕망이 같지 아니함을 아시고 그 응하는 바에 따라 법을 설하여 조복하시며, 이와 같이 내지 법계와 허공계까지도 같이하시느니라."

부처님 경계의 불가사의성은 시방세계 일체 모든 부처님이 중생들의 욕락이 같지 아니함을 알아서 불가사의한 경계를 펼쳐 보일 뿐 아니라 법계도 허공계도 한결같이 똑같다는 뜻을 밝혔다.

2) 여래의 종종 경계

諸佛子야 **如來**가 **於此娑婆世界諸四天下**에 **種種身**과 **種種名**과 **種種色相**과 **種種修短**과 **種種壽量**과 **種種處所**와 **種種諸根**과 **種種生處**와 **種種語業**과 **種種觀察**로 **令諸衆生**으로 **各別知見**케하시니라

"여러 불자들이여, 여래가 이 사바세계의 모든 사천하에서 가지가지 몸과 가지가지 이름과 가지가지 색상과 가지가지 길고 짧음과 가지가지 수명과 가지가지 처소와 가지가지 모든 근根과 가지가지 나는 곳과 가지가지 말씀의 업과 가지가지 관찰로써 여러 중생들로 하여금 각각 다르게 알고 다르게 보게 하시느니라."

여래의 불가사의함을 널리 밝히면서 먼저 우리가 사는 사바세계의 사천하를 예로 들었다. 몸과 말과 생각의 삼업을 중심으로 십종의 차별이 다단함을 말하였다.

먼저 몸이란 전체적인 표현인데 시방세계 부처님은 각각 부동하다. 그래서 가지가지라고 하였다. 다음의 가지가지 이름은 아래에 곧 낱낱이 밝힌다. 색상은 금색이나 은색이나 32상이나 80종호 등이 각각 다르다. 다음은 형상이 길기도 하고 짧기도 하다. 3척에서 장육금신丈六金身과 무변無邊의 형상이 있다. 다음의 수명은 아침에 나타났다가 저녁에 사라지는 것으로부터 1백 년과 무한량이 있다. 부처님의 처소도 염정의 차별이 있다. 부처님의 6근도 또한 가지가지다. 출생 신분도 또한 가지가지다. 인도에는 4성 계급이 있고 다른 나라라 하더라도 수많은 성분의 차별이 있다. 어업과 관찰도 모두 각각 차별하다.

3) 사천하의 여래 명호

(1) 이곳 사천하의 10종 명호

제 불 자　여 래　어 차 사 천 하 중　혹 명 일 체 의
諸佛子야 **如來**가 **於此四天下中**에 **或名一切義**

성**成**이며 혹명원만월 **或名圓滿月**이며 혹명사자후 **或名獅子吼**며 혹명석가모니**釋迦牟尼**며 혹명제칠선 **或名第七仙**이며

"여러 불자들이여, 여래가 이 사천하에서 혹은 이름이 일체의성一切義成이며, 혹은 이름이 원만월圓滿月이며, 혹은 이름이 사자후獅子吼며, 혹은 이름이 석가모니釋迦牟尼며, 혹은 이름이 제칠선第七仙이니라."

이제 여래 명호를 본격적으로 밝힌다. 이곳 사천하란 곧 우리가 사는 사바세계를 뜻한다. 이곳 사바세계의 부처님은 우리가 잘 알고 있는 역사적 사실의 부처님을 지칭하는 것이다. 그러므로 실제로 사용하고 있는 부처님의 명호가 등장하였다.

일체의성一切義成이란 싯다르타[悉達]의 뜻이다. 무슨 일이든지 다 성취한다는 뜻이다. 원만월圓滿月이란 미혹이 끊어지고, 지혜가 원만하며, 은혜의 그늘이 청량하다는 뜻이다. 사자후獅子吼란 분명하고 확실한 설법이라는 뜻이다. 석가모니釋迦牟尼란 능하다, 어질다, 적묵寂默이라는 뜻이다. 제칠선第

七仙이란 과거 7불의 제7불이라는 뜻이다. 7불은 비바시불, 시기불, 비사부불, 구류손불, 구나함모니불, 가섭불, 석가모니불이다.

혹명비로자나　혹명구담씨　혹명대사문
或名毘盧遮那며 **或名瞿曇氏**며 **或名大沙門**이며
혹명최승　　혹명도사　　여시등　　기수십천
或名最勝이며 **或名導師**시니 **如是等**이 **其數十千**이라
영제중생　　각별지견
令諸衆生으로 **各別知見**케하시니라

"혹은 이름이 비로자나毘盧遮那며, 혹은 이름이 구담씨瞿曇氏며, 혹은 이름이 대사문大沙門이며, 혹은 이름이 최승最勝이며, 혹은 이름이 도사導師시니라. 이와 같은 이름이 그 수가 십천十千이니라. 모든 중생들로 하여금 제각기 다르게 알고 보게 하시느니라."

비로자나毘盧遮那란 청정법신 부처님이다. 구담씨瞿曇氏란 석가족이 대대로 이어 온 성씨다. 대사문大沙門이란 악을 쉰

다는 뜻이다. 어떤 악이든지 다 쉬기 때문에 대사문이라 한다. 최승最勝이란 성인 중에서 가장 뛰어나고 훌륭한 성인이란 뜻이다. 도사導師란 만 중생을 인도하여 고난에서 벗어나게 하며, 생사의 바다에서 무진장의 보물을 보여 주는 분이라는 뜻이다. 보다 더 많은 의미가 있으나 간략히 열 가지로써 보였다.

(2) 동방의 10종 명호

諸佛子_야 此四天下東_에 次有世界_{하니} 名爲善護_라 如來_가 於彼_에 或名金剛_{이며} 或名自在_며 或名有智慧_며 或名難勝_{이며} 或名雲王_{이며} 或名無諍_{이며} 或名能爲主_며 或名心歡喜_며 或名無與等_{이며} 或名斷言論_{이시니} 如是等_이 其數十千_{이라} 令諸衆

생   각 별 지 견
生으로 **各別知見**케하시니라

"여러 불자들이여, 이 사천하 동쪽에 다음 세계가 있으니 이름이 선호善護니라. 여래가 그곳에서는 혹은 이름이 금강金剛이며, 혹은 이름이 자재自在며, 혹은 이름이 유지혜有智慧며, 혹은 이름이 난승難勝이며, 혹은 이름이 운왕雲王이며, 혹은 이름이 무쟁無諍이며, 혹은 이름이 능위주能爲主며, 혹은 이름이 심환희心歡喜며, 혹은 이름이 무여등無與等이며, 혹은 이름이 단언론斷言論이시니라. 이러한 이름이 그 수가 십천十千이니라. 모든 중생들로 하여금 제각각 다르게 알고 보게 하시니라."

(3) 남방의 10종 명호

제 불 자   차 사 천 하 남   차 유 세 계   명 위 난
諸佛子야 **此四天下南**에 **次有世界**하니 **名爲難**

인   여래 어피 혹명제석   혹명보칭   혹
忍이라 **如來**가 **於彼**에 **或名帝釋**이며 **或名寶稱**이며 **或**

명 이 구   혹명실어   혹명능조복   혹명구족
名離垢며 **或名實語**며 **或名能調伏**이며 **或名具足**

희　　혹명대명칭　　　혹명능이익　　　혹명무변
喜며 **或名大名稱**이며 **或名能利益**이며 **或名無邊**이며

혹명최승　　　여시등　　기수십천　　　영제중생
或名最勝이시니 **如是等**이 **其數十千**이라 **令諸衆生**으로

각별지견
各別知見케하시니라

"여러 불자들이여, 이 사천하 남쪽에 다음 세계가 있으니 이름이 난인難忍이니라. 여래가 그곳에서는 혹은 이름이 제석帝釋이며, 혹은 이름이 보칭寶稱이며, 혹은 이름이 이구離垢며, 혹은 이름이 실어實語며, 혹은 이름이 능조복能調伏이며, 혹은 이름이 구족희具足喜며, 혹은 이름이 대명칭大名稱이며, 혹은 이름이 능이익能利益이며, 혹은 이름이 무변無邊이며, 혹은 이름이 최승最勝이시니라. 이러한 이름이 그 수가 십천十千이니라. 모든 중생들로 하여금 제각기 다르게 알고 보게 하시니라."

(4) 서방의 10종 명호

제불자　　차사천하서　　　차유세계　　　명위친
諸佛子야 **此四天下西**에 **次有世界**하니 **名爲親**

慧라 如來가 於彼에 或名水天이며 或名喜見이며 或名最勝王이며 或名調伏天이며 或名眞實慧며 或名到究竟이며 或名歡喜며 或名法慧며 或名所作已辨이며 或名善住시니 如是等이 其數十千이라 令諸衆生으로 各別知見케하시니라

"여러 불자들이여, 이 사천하 서쪽에 다음 세계가 있으니 이름이 친혜親慧니라. 여래가 그곳에서는 혹은 이름이 수천水天이며, 혹은 이름이 희견喜見이며, 혹은 이름이 최승왕最勝王이며, 혹은 이름이 조복천調伏天이며, 혹은 이름이 진실혜眞實慧며, 혹은 이름이 도구경到究竟이며, 혹은 이름이 환희歡喜며, 혹은 이름이 법혜法慧며, 혹은 이름이 소작이판所作已辨이며, 혹은 이름이 선주善住시니라. 이러한 이름이 그 수가 십천十千이니라. 모든 중생들로 하여금 제각기 다르게 알고 보게 하시니라."

(5) 북방의 10종 명호

諸佛子야 此四天下北에 次有世界하니 名有獅
子라 如來가 於彼에 或名大牟尼며 或名苦行이며 或
名世所尊이며 或名最勝田이며 或名一切智며 或名
善意며 或名淸淨이며 或名瞖羅跋那며 或名最上
施며 或名苦行得이시니 如是等이 其數十千이라 令
諸衆生으로 各別知見케하시니라

"여러 불자들이여, 이 사천하 북방에 다음 세계가 있으니 이름이 사자獅子니라. 여래가 그곳에서는 혹은 이름이 대모니大牟尼며, 혹은 이름이 고행苦行이며, 혹은 이름이 세소존世所尊이며, 혹은 이름이 최승전最勝田이며, 혹은 이름이 일체지一切智며, 혹은 이름이 선의善意며, 혹은 이름이 청정淸淨이며, 혹은 이름이 예라발나瞖羅跋那며, 혹은 이름이 최상시最上施며, 혹은 이름이 고행득苦行得이시니라. 이러한 이름이 그 수가 십천千+이니라. 모든 중생들로 하여금 제각기 다르게 알고 보게 하시니라."

(6) 동북방의 10종 명호

諸佛子_야 此四天下東北方_에 次有世界_{하니} 名
妙觀察_{이라} 如來_가 於彼_에 或名調伏魔_며 或名成
就_며 或名息滅_{이며} 或名賢天_{이며} 或名離貪_{이며} 或
名勝慧_며 或名心平等_{이며} 或名無能勝_{이며} 或名智
慧音_{이며} 或名難出現_{이시니} 如是等_이 其數十千_{이라}
令諸衆生_{으로} 各別知見_{케하시니라}

"여러 불자들이여, 이 사천하 동북방에 다음 세계가 있으니 이름이 묘관찰妙觀察이니라. 여래가 그곳에서는 혹은 이름이 조복마調伏魔며, 혹은 이름이 성취成就며, 혹은 이름이 식멸息滅이며, 혹은 이름이 현천賢天이며, 혹은 이름이 이탐離貪이며, 혹은 이름이 승혜勝慧며, 혹은 이름이 심평등心平等이며, 혹은 이름이 무능승無能勝이며, 혹은 이름이 지혜음智慧音이며, 혹은 이름이 난출현難出現이시니라. 이러한 이름이 그 수가 십천十千이니라. 모든 중생들로 하여금 제각기 다르게 알고 보게 하시니라."

(7) 동남방의 10종 명호

諸佛子야 此四天下東南方에 次有世界하니 名 爲喜樂이라 如來가 於彼에 或名極威嚴이며 或名光焰聚며 或名徧知며 或名秘密이며 或名解脫이며 或名性安住며 或名如法行이며 或名淨眼王이며 或名大勇健이며 或名精進力이시니 如是等이 其數十千이라

七. 여래명호품 如來名號品

영제중생　　각별지견
令諸衆生으로 **各別知見**케하시니라

"여러 불자들이여, 이 사천하 동남방에 다음 세계가 있으니 이름이 희락喜樂이니라. 여래가 그곳에서는 혹은 이름이 극위엄極威嚴이며, 혹은 이름이 광염취光焰聚며, 혹은 이름이 변지徧知며, 혹은 이름이 비밀秘密이며, 혹은 이름이 해탈解脫이며, 혹은 이름이 성안주性安住며, 혹은 이름이 여법행如法行이며, 혹은 이름이 정안왕淨眼王이며, 혹은 이름이 대용건大勇健이며, 혹은 이름이 정진력精進力이시니라. 이러한 이름이 그 수가 십천十千이니라. 모든 중생들로 하여금 제각기 다르게 알고 보게 하시니라."

(8) 서남방의 10종 명호

제불자　차사천하서남방　차유세계　　명
諸佛子야 **此四天下西南方**에 **次有世界**하니 **名**

심견뢰　　여래　어피　혹명안주　혹명지왕
甚堅牢라 **如來**가 **於彼**에 **或名安住**며 **或名智王**이며

혹명원만　　혹명부동　　혹명묘안　　혹명정
或名圓滿이며 **或名不動**이며 **或名妙眼**이며 **或名頂**

왕　　혹명자재음　　혹명일체시　혹명지중선
王이며 或名自在音이며 或名一切施며 或名持衆僊

　혹명승수미　　여시등　　기수십천　　영제중
이며 或名勝須彌시니 如是等이 其數十千이라 令諸衆

생　　각별지견
生으로 各別知見케하시니라

"여러 불자들이여, 이 사천하 서남방에 다음 세계가 있으니 이름이 심견뢰甚堅牢니라. 여래가 그곳에서는 혹은 이름이 안주安住며, 혹은 이름이 지왕智王이며, 혹은 이름이 원만圓滿이며, 혹은 이름이 부동不動이며, 혹은 이름이 묘안妙眼이며, 혹은 이름이 정왕頂王이며, 혹은 이름이 자재음自在音이며, 혹은 이름이 일체시一切施이며, 혹은 이름이 지중선持衆僊이며, 혹은 이름이 승수미勝須彌시니라. 이러한 이름이 그 수가 십천十千이니라. 모든 중생들로 하여금 제각기 다르게 알고 보게 하시니라."

(9) 서북방의 10종 명호

　제불자　　차사천하서북방　　차유세계　　명
　諸佛子야 此四天下西北方에 次有世界하니 名

위묘지 여래 어피 혹명보변 혹명광염
爲妙地라 如來가 於彼에 或名普徧이며 或名光焰이며

혹명마니계 혹명가억념 혹명무상의 혹
或名摩尼髻며 或名可憶念이며 或名無上義며 或

명상희락 혹명성청정 혹명원만광 혹
名常喜樂이며 或名性淸淨이며 或名圓滿光이며 或

명수비 혹명주본 여시등 기수십천
名修臂며 或名住本이시니 如是等이 其數十千이라

영제중생 각별지견
令諸衆生으로 各別知見케하시니라

"여러 불자들이여, 이 사천하 서북방에 다음 세계가 있으니 이름이 묘지妙地니라. 여래가 그곳에서는 혹은 이름이 보변普徧이며, 혹은 이름이 광염光焰이며, 혹은 이름이 마니계摩尼髻며, 혹은 이름이 가억념可憶念이며, 혹은 이름이 무상의無上義며, 혹은 이름이 상희락常喜樂이며, 혹은 이름이 성청정性淸淨이며, 혹은 이름이 원만광圓滿光이며, 혹은 이름이 수비修臂며, 혹은 이름이 주본住本이시니라. 이러한 이름이 그 수가 십천十千이니라. 모든 중생들로 하여금 제각기 다르게 알고 보게 하시니라."

(10) 하방의 10종 명호

諸佛子야 此四天下次下方에 有世界하니 名爲
焰慧라 如來가 於彼에 或名集善根이며 或名獅子
相이며 或名猛利慧며 或名金色焰이며 或名一切知
識이며 或名究竟音이며 或名作利益이며 或名到究
竟이며 或名眞實天이며 或名普徧勝이시니 如是等이
其數十千이라 令諸衆生으로 各別知見케하시니라

"여러 불자들이여, 이 사천하 다음 하방에 세계가 있으니 이름이 염혜焰慧니라. 여래가 그곳에서는 혹은 이름이 집선근集善根이며, 혹은 이름이 사자상獅子相이며, 혹은 이름이 맹리혜猛利慧이며, 혹은 이름이 금색염金色焰이며, 혹은 이름이 일체지식一切知識이며, 혹은 이름이 구경음究竟音이며, 혹은 이름이 작이익作利益이며, 혹은 이름이 도구경到究竟이며, 혹은 이름이 진실천眞實天이며, 혹은 이름이 보변승普徧勝이시니라. 이러한 이름이 그 수가 십천十千이니라. 모든 중생들로 하여금 제각기 다르게 알고 보게 하시니라."

(11) 상방의 10종 명호

諸佛子야 此四天下次上方에 有世界하니 名曰 持地라 如來가 於彼에 或名有智慧며 或名淸淨面이며 或名覺慧며 或名上首며 或名行莊嚴이며 或名發歡喜며 或名意成滿이며 或名如盛火며 或名持戒며 或名一道시니 如是等이 其數十千이라 令諸衆生으로 各別知見케하시니라

"여러 불자들이여, 이 사천하 다음 상방에 세계가 있으니 이름이 지지持地니라. 여래가 그곳에서는 혹은 이

름이 유지혜有智慧며, 혹은 이름이 청정면淸淨面이며, 혹은 이름이 각혜覺慧며, 혹은 이름이 상수上首며, 혹은 이름이 행장엄行莊嚴이며, 혹은 이름이 발환희發歡喜며, 혹은 이름이 의성만意成滿이며, 혹은 이름이 여성화如盛火이며, 혹은 이름이 지계持戒며, 혹은 이름이 일도一道시니라. 이러한 이름이 그 수가 십천十千이니라. 모든 중생들로 하여금 제각기 다르게 알고 보게 하시니라."

(12) 총결總結

諸佛子야 此娑婆世界에 有百億四天下어든 如來가 於中에 有百億萬種種名號하사 令諸衆生으로 各別知見케하시니라

"모든 불자들이여, 이 사바세계에 백억의 사천하가 있으니 여래가 그 가운데서 백억만의 가지가지 명호를 두어 모든 중생들로 하여금 제각기 다르게 알고 보게 하시니라."

세계도 많고 세계 따라 부처님도 많다. 다시 또 부처님의 명호도 많고 많다. 백억 사천하에 백억만 가지가지의 명호가 있다. 이와 같은 사실은 부처님과 보살들과 사람들의 불성 생명이 천백억 화신으로 변화하며 그 낱낱 화신이 다시 또 천변만화의 작용을 일으킨다는 것을 뜻한다. 찰나 찰나 시시각각으로 쉼 없이 작용하는 그 작용성의 위대함을 어찌 다 표현할 수 있으랴. 이와 같은 상황을 어찌 숫자로 표현하며 어찌 말로써 표현하겠는가. 화엄경의 교설도 불성 생명의 천변만화하는 위대성은 다 설하지 못하리라.

4) 사바세계의 여래 명호

(1) 동방의 10종 명호

제불자　　차 사 바 세 계 동　　차 유 세 계　　　명 위
諸佛子야 **此娑婆世界東**에 **次有世界**하니 **名爲**

밀 훈　　　여래　　어피　　혹명평등　　　혹명수승
密訓이라 **如來**가 **於彼**에 **或名平等**이며 **或名殊勝**이며

或名安慰며 或名開曉意며 或名聞慧며 或名眞實語며 或名得自在며 或名最勝身이며 或名大勇猛이며 或名無等智시니 如是等百億萬種種名號를 令諸衆生으로 各別知見케하시니라

"모든 불자들이여, 이 사바세계 동방에 다음 세계가 있으니 이름이 밀훈密訓이니라. 여래가 그곳에서는 혹은 이름이 평등平等이며, 혹은 이름이 수승殊勝이며, 혹은 이름이 안위安慰며, 혹은 이름이 개효의開曉意며, 혹은 이름이 문혜聞慧며, 혹은 이름이 진실어眞實語며, 혹은 이름이 득자재得自在며, 혹은 이름이 최승신最勝身이며, 혹은 이름이 대용맹大勇猛이며, 혹은 이름이 무등지無等智시니라. 이러한 백억의 가지가지 명호가 있어 모든 중생들로 하여금 제각기 다르게 알고 보게 하시니라."

(2) 남방의 10종 명호

諸_제佛_불子_자야 此_차娑_사婆_바世_세界_계南_남에 次_차有_유世_세界_계하니 名_명曰_왈
豊_풍溢_일이라 如_여來_래가 於_어彼_피에 或_혹名_명本_본性_성이며 或_혹名_명勤_근意_의며
或_혹名_명無_무上_상尊_존이며 或_혹名_명大_대智_지炬_거며 或_혹名_명無_무所_소依_의며 或_혹
名_명光_광明_명藏_장이며 或_혹名_명智_지慧_혜藏_장이며 或_혹名_명福_복德_덕藏_장이며 或_혹
名_명天_천中_중天_천이며 或_혹名_명大_대自_자在_재시니 如_여是_시等_등百_백萬_만億_억種_종
種_종名_명號_호를 令_영諸_제衆_중生_생으로 各_각別_별知_지見_견케하시니라

"모든 불자들이여, 이 사바세계 남방에 다음 세계가 있으니 이름이 풍일豊溢이니라. 여래가 그곳에서는 혹은 이름이 본성本性이며, 혹은 이름이 근의勤意며, 혹은 이름이 무상존無上尊이며, 혹은 이름이 대지거大智炬며, 혹은 이름이 무소의無所依며, 혹은 이름이 광명장光明藏이며, 혹은 이름이 지혜장智慧藏이며, 혹은 이름이 복덕장福德藏이며, 혹은 이름이 천중천天中天이며, 혹은 이름이 대자재大

自在시니라. 이러한 백만억의 갖가지 명호가 있어 모든 중생들로 하여금 제각기 다르게 알고 보게 하시니라."

(3) 서방의 10종 명호

諸佛子야 此娑婆世界西에 次有世界하니 名爲
離垢라 如來가 於彼에 或名意成이며 或名知道며 或
名安住本이며 或名能解縛이며 或名通達義며 或名
樂分別이며 或名最勝見이며 或名調伏行이며 或名
衆苦行이며 或名具足力이시니 如是等百億萬種種
名號를 令諸衆生으로 各別知見케하시니라

"모든 불자들이여, 이 사바세계 서방에 다음 세계가 있으니 이름이 이구離垢니라. 여래가 그곳에서는 혹은 이름이 의성意成이며, 혹은 이름이 지도知道며, 혹은 이름이 안주본安住本이며, 혹은 이름이 능해박能解縛이며, 혹은 이름이 통달의通達義며, 혹은 이름이 낙분별樂分別이며, 혹은 이름이 최승견最勝見이며, 혹은 이름이 조복행調伏行이며, 혹은 이름이 중고행衆苦行이며, 혹은 이름이 구족력具足力이시니라. 이러한 백억만의 가지가지 명호가 있어 모든 중생들로 하여금 제각기 다르게 알고 보게 하시니라."

(4) 북방의 10종 명호

諸佛子_야 此娑婆世界北_에 次有世界_{하니} 名曰
제불자 차사바세계북 차유세계   명왈

豊樂_{이라} 如來_가 於彼_에 或名蒼葍華色_{이며} 或名曰
풍락   여래 어피 혹명담복화색   혹명일

藏_{이며} 或名善住_며 或名現神通_{이며} 或名性超邁_며
장   혹명선주 혹명현신통 혹명성초매

或名慧日_{이며} 或名無礙_며 或名如月現_{이며} 或名迅
혹명혜일   혹명무애 혹명여월현 혹명신

疾風_{이며} 或名淸淨身_{이시니} 如是等百億萬種種名
질풍   혹명청정신   여시등백억만종종명

호 영제중생 각별지견
號를 **令諸衆生**으로 **各別知見**케하시니라

"모든 불자들이여, 이 사바세계 북방에 다음 세계가 있으니 이름이 풍락豊樂이니라. 여래가 그곳에서는 혹은 이름이 담복화색薝蔔華色이며, 혹은 이름이 일장日藏이며, 혹은 이름이 선주善住며, 혹은 이름이 현신통現神通이며, 혹은 이름이 성초매性超邁며, 혹은 이름이 혜일慧日이며, 혹은 이름이 무애無礙며, 혹은 이름이 여월현如月現이며, 혹은 이름이 신질풍迅疾風이며, 혹은 이름이 청정신淸淨身이시니라. 이러한 백억만의 가지가지 이름이 있어 모든 중생들로 하여금 제각기 다르게 알고 보게 하시니라."

(5) 동북방의 10종 명호

제불자 차사바세계동북방 차유세계
諸佛子야 **此娑婆世界東北方**에 **次有世界**하니

명위섭취 여래 어피 혹명영리고 혹명보
名爲攝取라 **如來**가 **於彼**에 **或名永離苦**며 **或名普**

해탈 혹명대복장 혹명해탈지 혹명과거
解脫이며 **或名大伏藏**이며 **或名解脫智**며 **或名過去**

장   혹명보광명   혹명이세간   혹명무애
藏이며 **或名寶光明**이며 **或名離世間**이며 **或名無礙**

지   혹명정신장   혹명심부동   여시등백
地며 **或名淨信藏**이며 **或名心不動**이시니 **如是等百**

억만종종명호   영제중생   각별지견
億萬種種名號를 **令諸衆生**으로 **各別知見**케하시니라

"모든 불자들이여, 이 사바세계 동북방에 다음 세계가 있으니 이름이 섭취攝取니라. 여래가 그곳에서는 혹은 이름이 영리고永離苦며, 혹은 이름이 보해탈普解脫이며, 혹은 이름이 대복장大伏藏이며, 혹은 이름이 해탈지解脫智며, 혹은 이름이 과거장過去藏이며, 혹은 이름이 보광명寶光明이며, 혹은 이름이 이세간離世間이며, 혹은 이름이 무애지無礙地며, 혹은 이름이 정신장淨信藏이며, 혹은 이름이 심부동心不動이시니라. 이러한 백억만의 가지가지 이름이 있어 모든 중생들로 하여금 제각기 다르게 알고 보게 하시니라."

(6) 동남방의 10종 명호

諸佛子야 此娑婆世界東南方에 次有世界하니
<small>제불자 차사바세계동남방 차유세계</small>

名爲饒益이라 如來가 於彼에 或名現光明이며 或名
<small>명위요익 여래 어피 혹명현광명 혹명</small>

盡智며 或名美音이며 或名勝根이며 或名莊嚴蓋며
<small>진지 혹명미음 혹명승근 혹명장엄개</small>

或名精進根이며 或名到分別彼岸이며 或名勝定이며
<small>혹명정진근 혹명도분별피안 혹명승정</small>

或名簡言辭며 或名智慧海시니 如是等百億萬種
<small>혹명간언사 혹명지혜해 여시등백억만종</small>

種名號를 令諸衆生으로 各別知見케하시니라
<small>종명호 영제중생 각별지견</small>

"모든 불자들이여, 이 사바세계 동남방에 다음 세계가 있으니 이름이 요익饒益이니라. 여래가 그곳에서는 혹은 이름이 현광명現光明이며, 혹은 이름이 진지盡智며, 혹은 이름이 미음美音이며, 혹은 이름이 승근勝根이며, 혹은 이름이 장엄개莊嚴蓋며, 혹은 이름이 정진근精進根이며, 혹은 이름이 도분별피안到分別彼岸이며, 혹은 이름이 승정勝定이며, 혹은 이름이 간언사簡言辭며, 혹은 이름이 지혜해

智慧海시니라. 이러한 백억만의 가지가지 이름이 있어 모든 중생들로 하여금 제각기 다르게 알고 보게 하시니라."

(7) 서남방의 10종 명호

諸佛子야 此娑婆世界西南方에 次有世界하니 名爲鮮少라 如來가 於彼에 或名牟尼主며 或名具衆寶며 或名世解脫이며 或名徧知根이며 或名勝言辭며 或名明了見이며 或名根自在며 或名大仙師며 或名開導業이며 或名金剛獅子시니 如是等百億萬種種名號를 令諸衆生으로 各別知見케하시니라

"모든 불자들이여, 이 사바세계 서남방에 다음 세계가 있으니 이름이 선소鮮少니라. 여래가 그곳에서는 혹은 이름이 모니주牟尼主며, 혹은 이름이 구중보具衆寶며,

혹은 이름이 세해탈世解脫이며, 혹은 이름이 변지근徧知根이며, 혹은 이름이 승언사勝言辭며, 혹은 이름이 명료견明了見이며, 혹은 이름이 근자재根自在며, 혹은 이름이 대선사大仙師며, 혹은 이름이 개도업開導業이며, 혹은 이름이 금강사자金剛獅子시니라. 이러한 백억만의 가지가지 이름이 있어 모든 중생들로 하여금 제각기 다르게 알고 보게 하시니라."

(8) 서북방의 10종 명호

제불자 차 사 바 세 계 서 북 방   차 유 세 계
諸佛子야 **此娑婆世界西北方**에 **次有世界**하니

명위환희   여래 어피 혹명묘화취 혹명전
名爲歡喜라 **如來**가 **於彼**에 **或名妙華聚**며 **或名栴**

단개   혹명연화장   혹명초월제법   혹명법
檀蓋며 **或名蓮華藏**이며 **或名超越諸法**이며 **或名法**

보   혹명부출생   혹명정묘개   혹명광대안
寶며 **或名復出生**이며 **或名淨妙蓋**며 **或名廣大眼**이며

혹명유선법   혹명전념법   혹명망장   여
或名有善法이며 **或名專念法**이며 **或名網藏**이시니 **如**

시등백억만종종명호 영제중생 각별지견
是等百億萬種種名號를 **令諸衆生**으로 **各別知見**
케하시니라

"모든 불자들이여, 이 사바세계 서북방에 다음 세계가 있으니 이름이 환희歡喜니라. 여래가 그곳에서는 혹은 이름이 묘화취妙華聚며, 혹은 이름이 전단개栴檀蓋며, 혹은 이름이 연화장蓮華藏이며, 혹은 이름이 초월제법超越諸法이며, 혹은 이름이 법보法寶며, 혹은 이름이 부출생復出生이며, 혹은 이름이 정묘개淨妙蓋며, 혹은 이름이 광대안廣大眼이며, 혹은 이름이 유선법有善法이며, 혹은 이름이 전념법專念法이며, 혹은 이름이 망장網藏이시니라. 이러한 백억만의 가지가지 이름이 있어 모든 중생들로 하여금 제각기 다르게 알고 보게 하시니라."

(9) 하방의 10종 명호

제불자 차사바세계차하방 유세계 명
諸佛子야 **此娑婆世界次下方**에 **有世界**하니 **名**

위관약 여래 어피 혹명발기염 혹명조
爲關鑰이라 **如來**가 **於彼**에 **或名發起焰**이며 **或名調**

복독   혹명제석궁   혹명무상소   혹명각오
伏毒이며 **或名帝釋弓**이며 **或名無常所**며 **或名覺悟**

본   혹명단증장   혹명대속질   혹명상락
本이며 **或名斷增長**이며 **或名大速疾**이며 **或名常樂**

시   혹명분별도   혹명최복당   여시등백억
施며 **或名分別道**며 **或名摧伏幢**이시니 **如是等百億**

만종종명호   영제중생   각별지견
萬種種名號를 **令諸衆生**으로 **各別知見**케하시니라

"모든 불자들이여, 이 사바세계 다음 하방에 세계가 있으니 이름이 관약關鑰이니라. 여래가 그곳에서는 혹은 이름이 발기염發起焰이며, 혹은 이름이 조복독調伏毒이며, 혹은 이름이 제석궁帝釋弓이며, 혹은 이름이 무상소無常所며, 혹은 이름이 각오본覺悟本이며, 혹은 이름이 단증장斷增長이며, 혹은 이름이 대속질大速疾이며, 혹은 이름이 상락시常樂施며, 혹은 이름이 분별도分別道며, 혹은 이름이 최복당摧伏幢이시니라. 이러한 백억만의 가지가지 이름이 있어 모든 중생들로 하여금 제각기 다르게 알고 보게 하시니라."

(10) 상방의 10종 명호

諸佛子_야 此娑婆世界次上方_에 有世界_{하니} 名
曰振音_{이라} 如來_가 於彼_에 或名勇猛幢_{이며} 或名無
量寶_며 或名樂大施_며 或名天光_{이며} 或名吉興_{이며}
或名超境界_며 或名一切主_며 或名不退輪_{이며} 或
名離衆惡_{이며} 或名一切智_{시니} 如是等百億萬種
種名號_를 令諸衆生_{으로} 各別知見_{케하시니라}

"모든 불자들이여, 이 사바세계 다음 상방에 세계가 있으니 이름이 진음振音이니라. 여래가 그곳에서는 혹은 이름이 용맹당勇猛幢이며, 혹은 이름이 무량보無量寶며, 혹은 이름이 낙대시樂大施며, 혹은 이름이 천광天光이며, 혹은 이름이 길흥吉興이며, 혹은 이름이 초경계超境界며, 혹은 이름이 일체주一切主며, 혹은 이름이 불퇴륜不退輪이며, 혹은 이름이 이중악離衆惡이며, 혹은 이름이 일체지一切智

시니라. 이러한 백억만의 가지가지 이름이 있어 모든 중생들로 하여금 제각기 다르게 알고 보게 하시니라."

(11) 총결

諸佛子야 如娑婆世界하야 如是東方百千億과 無數無量無邊無等과 不可數不可稱不可思不可量不可說인 盡法界虛空界의 諸世界中에 如來名號도 種種不同이며 南西北方과 四維上下도 亦復如是하니

"모든 불자들이여, 사바세계처럼 이와 같이 동방으로 백천억과 수없고 한량없고 끝없고 같을 이 없고 셀 수 없고 일컬을 수 없고 생각할 수 없고 헤아릴 수 없고 말할 수 없는 온 법계와 허공계의 모든 세계 가운데에 여래 명호도 가지가지로 같지 않으며, 남방 서방 북

방과 그 사이 네 간방과 상방과 하방도 또한 다시 이와 같으니라."

앞에서는 "여래가 이 사바세계의 모든 사천하에서 가지가지 몸과 가지가지 이름과 가지가지 색상과 가지가지 길고 짧음과 가지가지 수명과 가지가지 처소와 가지가지 모든 근根과 가지가지 나는 곳과 가지가지 말씀의 업과 가지가지 관찰로써 여러 중생들로 하여금 각각 다르게 알고 다르게 보게 하신다."라고 하였다. 이와 같이 사천하의 중심인 사바세계의 부처님인 석가모니를 여러 가지 이름으로 표현하였고, 다시 사천하의 동서남북과 사유상하 세계의 부처님의 명호를 밝혔다. 그러고는 다시 또 사바세계를 중심으로 동서남북과 사유상하 세계의 부처님 명호를 밝혔다. 이 모든 것은 사람 사람들의 불성 생명의 활발발活鱍鱍한 작용을 따라 나타나는 천변만화의 모습들이다.

5) 세계 차별의 이유

如世尊이 昔爲菩薩時에 以種種談論과 種種語言과 種種音聲과 種種業과 種種報와 種種處와 種種方便과 種種根과 種種信解와 種種地位로 而得成熟이실새 亦令衆生으로 如是知見하야 而爲說法하시니라

"부처님이 옛날 보살로 계실 때에 가지가지 담론과 가지가지 말씀과 가지가지 음성과 가지가지 업業과 가지가지 과보와 가지가지 처소와 가지가지 방편과 가지가지 근根과 가지가지 믿고 이해함과 가지가지 지위로써 성숙함을 얻었으므로 또한 중생으로 하여금 이와 같이 알고 보게 하기 위해 법을 설하시느니라."

부처님이 옛날 보살로 있으면서 수행하실 때에 역시 가지가지 법을 통해서 성숙하게 되었다. 그러므로 다시 중생들

에게 그와 같이 보고 듣고 알도록 하려고 세계의 차별과 부처님 명호의 차별을 설하신 것이다. 완전한 인격자, 즉 깨달음을 성취하신 부처님은 어디에도 치우치지 않고 원만하게 보고 원만하게 알아야 한다. 다종다양한 견해와 성품을 가진 중생들을 교화하려면 천백억 화신의 천변만화의 작용과 응용과 대응이 있어서 능수능란해야 한다. 만약 그와 같지 못하다면 어찌 그 많은 종류의 중생과 그 많고 다른 근기와 견해의 중생들을 교화할 수 있겠는가. 한 인간으로서 세상을 살아가는 데도 천백억 화신을 나투어야 하지 않던가. 이것이 세계가 차별하고 명호가 차별한 이유이다.

여래명호품 끝

대방광불화엄경 강설

제12권

八. 사성제품

사성제四聖諦란 불교의 기본 교리다. 기본 교리는 인생이란 그 삶이 즐거운 것이 아니라 괴로운 것이라고 보는 데서 출발하였다. 인생은 괴로운 것[苦]이므로 그 괴로움의 원인[集]은 무엇이며, 괴로움을 소멸한 상태[滅]는 어떤 것이며, 소멸하는 방법[道]은 무엇인가에 대한 가르침이 사성제다. 그런데 중생들의 욕망과 근기가 다르므로 부처님의 가르침도 각각 다를 수밖에 없다. 그래서 세계마다 이 사성제가 각각 다르게 여러 가지로 설명된다.

　그런데 인생이 어찌 괴롭기만 하랴. 설사 괴롭더라도 그대로가 화장장엄이며 또한 불성 생명의 활발발活鱍鱍한 작용이 아니겠는가.

1. 사바세계의 사성제

1) 고성제苦聖諦의 10종 이름

爾時_에 文殊師利菩薩摩訶薩_이 告諸菩薩言
_{하사대} 諸佛子_야 苦聖諦_는 此娑婆世界中_에 或名罪_며
或名逼迫_{이며} 或名變異_며 或名攀緣_{이며} 或名聚_며
或名刺_며 或名依根_{이며} 或名虛誑_{이며} 或名癰瘡
處_며 或名愚夫行_{이니라}

그때에 문수사리 보살마하살이 여러 보살들에게 말하였습니다. "모든 불자들이여, 고성제苦聖諦는 이 사바세계 가운데서 혹은 죄罪라 하며, 혹은 핍박逼迫이라 하며, 혹은 변이變異라 하며, 혹은 반연攀緣이라 하며, 혹은 취聚라 하며, 혹은 자刺라 하며, 혹은 의근依根이라 하며, 혹은 허광虛誑이라 하며, 혹은 옹창처癰瘡處라 하며, 혹은 우부행愚夫行이라 하느니라."

고성제에 대하여 열 가지를 나열하였다. 낱말 하나하나를 살펴보면 참으로 괴로움 아닌 것이 없다. 그러나 화엄경에서 말하는 고성제苦聖諦는 단순한 일반 불교에서 말하는 고제苦諦가 아니라 고성제苦聖諦다. 괴로움 또한 성스러운 진리라는 뜻이다. 죄든 핍박이든 변이든 반연이든 모두가 성스러운 진리 그 자체라는 뜻이다. 이러한 것들은 사람이 살아가는 데는 으레 있기 마련이다. 그러므로 그 또한 성스러운 진리며 불성 생명의 또 다른 표현이라고 보아야 할 것이다.

열반경에서는 "범부는 고통은 있으나 진리는 없으며, 이승들은 고통도 있고 고통의 진리도 있다. 그러나 진실은 없다. 보살은 고통은 없고 진리는 있으나 진실도 있다."[3]라고 하였다. 이와 같이 같은 고통을 두고도 그 사람의 수행에 따라 느낌이 각각 다르다.

또 구사론의 게송에서는 "예컨대 하나의 눈썹을 손바닥에 올려놓으면 느끼지 못하지만 만약 눈동자에 넣으면 고통이 심하여 편치 못하다. 범부는 눈썹을 손바닥에 두는 것과 같아서 고통을 느끼지 못하지만 지혜로운 사람은 눈썹을 눈동자에 넣은 것과 같아서 싫어하고 두려워함이 매우 심하다."[4] 라고 하였다. 일반적으로 불교에서 고통을 보는 관점은 이와 같다.

2) 고집성제苦集聖諦의 10종 이름

諸佛子야 苦集聖諦는 此娑婆世界中에 或名繫縛이며 或名滅壞며 或名愛着義며 或名妄覺念이며

---

3) 涅槃云 '凡夫有苦而無諦. 二乘有苦, 有苦諦, 而無眞實. 菩薩無苦有諦而有眞實'.
4) 俱舍頌云 '如以一睫毛. 置掌人不覺. 若置眼睛上. 爲苦極不安. 凡夫如手掌. 不覺行苦睫. 智者如眼睛. 緣極生厭怖'.

혹명취입　　혹명결정　　혹명망　　혹명희론
或名趣入이며 **或名決定**이며 **或名網**이며 **或名戲論**이며

혹명수행　　혹명전도근
或名隨行이며 **或名顚倒根**이니라

"모든 불자들이여, 고집성제苦集聖諦는 이 사바세계 가운데서 혹은 계박繫縛이라 하며, 혹은 멸괴滅壞라 하며, 혹은 애착의愛着義라 하며, 혹은 망각념妄覺念이라 하며, 혹은 취입趣入이라 하며, 혹은 결정決定이라 하며, 혹은 망網이라 하며, 혹은 희론戲論이라 하며, 혹은 수행隨行이라 하며, 혹은 전도근顚倒根이라 하느니라."

고집성제苦集聖諦란 고통의 원인이라고 본다. 고통이란 무엇인가가 모여서 생긴다는 성스러운 진리다. 인간 세상에는 무엇이든 모이게 되어 있다. 모이지 아니하면 존재하지 않기 때문이다. 연기緣起란 바로 그런 것이 아닌가. 그러므로 고통의 원인이 되는 모이는 일도 또한 성스러운 진리일 수밖에 없다. 불가피한 것이기 때문이다. 이와 같이 아는 것은 화엄의 안목이고, 이와 같지 아니하면 다른 가르침이다.

3) 고멸성제苦滅聖諦의 10종 이름

諸^제佛^불子^자야 苦^고滅^멸聖^성諦^제는 此^차娑^사婆^바世^세界^계中^중에 或^혹名^명無^무諍^쟁이며 或^혹名^명離^이塵^진이며 或^혹名^명寂^적靜^정이며 或^혹名^명無^무相^상이며 或^혹名^명無^무沒^몰이며 或^혹名^명無^무自^자性^성이며 或^혹名^명無^무障^장礙^애며 或^혹名^명滅^멸이며 或^혹名^명體^체眞^진實^실이며 或^혹名^명住^주自^자性^성이니라

"모든 불자들이여, 고멸성제苦滅聖諦는 이 사바세계 가운데서 혹은 무쟁無諍이라 하며, 혹은 이진離塵이라 하며, 혹은 적정寂靜이라 하며, 혹은 무상無相이라 하며, 혹은 무몰無沒이라 하며, 혹은 무자성無自性이라 하며, 혹은 무장애無障礙라 하며, 혹은 멸滅이라 하며, 혹은 체진실體眞實이라 하며, 혹은 주자성住自性이라 하느니라."

고멸성제苦滅聖諦란 고통의 소멸을 뜻한다. 고통이나 고통의 원인이나 그 고통을 소멸하는 것이나 모두가 성스러운 진리다. 고통을 소멸한 경지를 표현하므로 이진離塵, 적정寂

靜, 무상無相, 무자성無自性, 무장애無障礙 등으로 표현하였다.

4) 고멸도성제苦滅道聖諦의 10종 이름

諸佛子야 **苦滅道聖諦**는 **此娑婆世界中**에 **或名
一乘**이며 **或名趣寂**이며 **或名導引**이며 **或名究竟無
分別**이며 **或名平等**이며 **或名捨擔**이며 **或名無所趣**며
或名隨聖意며 **或名仙人行**이며 **或名十藏**이니라

"여러 불자들이여, 고멸도성제苦滅道聖諦는 이 사바세계 가운데서 혹은 일승一乘이라 하며, 혹은 취적趣寂이라 하며, 혹은 도인導引이라 하며, 혹은 구경무분별究竟無分別이라 하며, 혹은 평등平等이라 하며, 혹은 사담捨擔이라 하며, 혹은 무소취無所趣라 하며, 혹은 수성의隨聖意라 하며, 혹은 선인행仙人行이라 하며, 혹은 십장十藏이라 하느니라."

諸佛子야 此娑婆世界中에 說四聖諦가 有如是
等四百億十千名하니 隨衆生心하야 悉令調伏케하시
니라.

"모든 불자들이여, 이 사바세계에서 사성제를 말하는데 이와 같은 4백억 십천十千 가지의 이름이 있어서 중생의 마음을 따라 다 조복케 하시니라."

사바세계에서 사성제의 이름이 4백억 십천十千 가지가 있다고 하였다. 중생들이 즐기는 일도 여러 가지지만 고통과 고통의 원인과 고통이 소멸한 경지와 고통을 소멸하는 법도 무수히 많다. 이러한 사실도 또한 성제聖諦, 즉 성스러운 진리이다.

2. 동방 밀훈密訓세계의 사성제

1) 고성제의 10종 이름

諸佛子야 此娑婆世界의 所言苦聖諦者는 彼密
訓世界中엔 或名營求根이며 或名不出離며 或名
繫縛本이며 或名作所不應作이며 或名普鬪諍이며
或名分析悉無力이며 或名作所依며 或名極苦며
或名躁動이며 或名形狀物이니라

"모든 불자들이여, 이 사바세계에서 고성제라는 것은 저 밀훈密訓세계 가운데서는 혹은 이름이 영구근營求根

이며, 혹은 이름이 불출리不出離며, 혹은 이름이 계박본繫縛本이며, 혹은 이름이 작소불응작作所不應作이며, 혹은 이름이 보투쟁普鬪諍이며, 혹은 이름이 분석실무력分析悉無力이며, 혹은 이름이 작소의作所依며, 혹은 이름이 극고極苦며, 혹은 이름이 조동躁動이며, 혹은 이름이 형상물形狀物이니라."

고집멸도苦集滅道 사성제는 어느 세계든지 다 있는 이치다. 그래서 성스러운 진리라고 한 것이다. 만약 사바세계에만 있고 다른 세계에는 없다든지, 동양에만 있고 서양에는 없다든지, 흑인에게만 있고 백인에게는 없다든지 하면 그것은 진리가 아니다. 모든 사람 모든 생들에게 공히 있는 것이지만 근기와 수준과 성품에 따라 다르게 표현된다. 그래서 각양각색의 표현을 나열하는 것이다. 낱낱이 다른 이름의 뜻을 설명하는 것은 생략한다. 밀훈세계에서 고성제는 사바세계에서도 역시 고성제다. 결국은 다른 세계의 고통이 아니다.

2) 고집성제의 10종 이름

<ruby>諸佛子<rt>제불자</rt></ruby>야 <ruby>所言苦集聖諦者<rt>소언고집성제자</rt></ruby>는 <ruby>彼密訓世界中<rt>피밀훈세계중</rt></ruby>엔
<ruby>或名順生死<rt>혹명순생사</rt></ruby>며 <ruby>或名染着<rt>혹명염착</rt></ruby>이며 <ruby>或名燒然<rt>혹명소연</rt></ruby>이며 <ruby>或名流轉<rt>혹명유전</rt></ruby>이며 <ruby>或名敗壞根<rt>혹명패괴근</rt></ruby>이며 <ruby>或名續諸有<rt>혹명속제유</rt></ruby>며 <ruby>或名惡行<rt>혹명악행</rt></ruby>이며 <ruby>或名愛着<rt>혹명애착</rt></ruby>이며 <ruby>或名病源<rt>혹명병원</rt></ruby>이며 <ruby>或名分數<rt>혹명분수</rt></ruby>니라

"모든 불자들이여, 고집성제라는 것은 저 밀훈세계 가운데서는 혹은 이름이 순생사順生死며, 혹은 이름이 염착染着이며, 혹은 이름이 소연燒然이며, 혹은 이름이 유전流轉이며, 혹은 이름이 패괴근敗壞根이며, 혹은 이름이 속제유續諸有며, 혹은 이름이 악행惡行이며, 혹은 이름이 애착愛着이며, 혹은 이름이 병원病源이며, 혹은 이름이 분수分數니라."

위에서 열거한 밀훈세계에서의 고통의 원인인 고집성제는 사바세계에서도 또한 고통의 원인이 된다.

3) 고멸성제의 10종 이름

諸佛子야 所言苦滅聖諦者는 彼密訓世界中엔

或名第一義며 或名出離며 或名可讚歎이며 或名

安隱이며 或名善入趣며 或名調伏이며 或名一分이며

或名無罪며 或名離貪이며 或名決定이니라

"모든 불자들이여, 고멸성제라는 것은 저 밀훈세계 가운데서는 혹은 이름이 제일의第一義이며, 혹은 이름이 출리出離이며, 혹은 이름이 가찬탄可讚歎이며, 혹은 이름이 안은安隱이며, 혹은 이름이 선입취善入趣이며, 혹은 이름이 조복調伏이며, 혹은 이름이 일분一分이며, 혹은 이름이 무죄無罪며, 혹은 이름이 이탐離貪이며, 혹은 이름이 결정決定이니라."

밀훈세계에서 열거한 고가 소멸한 경지는 사바세계에서도 역시 고가 소멸한 경지이다.

4) 고멸도성제의 10종 이름

諸佛子ᅀᅣ 所言苦滅道聖諦者ᄂᆫ 彼密訓世界
中ᅦᆫ 或名猛將이며 或名上行이며 或名超出이며 或
名有方便이며 或名平等眼이며 或名離邊이며 或名
了悟며 或名攝取며 或名最勝眼이며 或名觀方이니라
諸佛子ᅀᅣ 密訓世界ᅦ 說四聖諦가 有如是等四百
億十千名하니 隨衆生心하야 悉令調伏케하시니라

 "모든 불자들이여, 고멸도성제라는 것은 저 밀훈세계 가운데서는 혹은 이름이 맹장猛將이며, 혹은 이름이 상행上行이며, 혹은 이름이 초출超出이며, 혹은 이름이 유방편有方便이며, 혹은 이름이 평등안平等眼이며, 혹은 이름이 이변離邊이며, 혹은 이름이 요오了悟며, 혹은 이름이 섭취攝取며, 혹은 이름이 최승안最勝眼이며, 혹은 이름이 관방觀方이니라. 모든 불자들이여, 이 밀훈세계에서 사성제를 말하는데 이와 같은 4백억 십천 가지의 이름이 있으니 중생의 마음을 따라 다 조복케 하시니라."

　밀훈세계에서 고를 소멸하는 방법은 사바세계에서도 역시 고를 소멸하는 훌륭한 방법이 된다. 일반 불교에서 고를 소멸하는 방법으로 팔정도八正道를 든다. 고를 소멸하는 방법이 어찌 팔정도뿐이겠는가. 4백억 십천 가지이리라.

3. 남방 최승最勝세계의 사성제

1) 고성제의 10종 이름

諸佛子_야 此娑婆世界_의 所言苦聖諦者_는 彼最勝世界中_엔 或名恐怖_며 或名分段_{이며} 或名可厭惡_며 或名須承事_며 或名變異_며 或名招引寃_{이며} 或名能欺奪_{이며} 或名難共事_며 或名妄分別_{이며} 或名有勢力_{이니라}

"모든 불자들이여, 이 사바세계에서 고성제라는 것은 저 최승세계 가운데서는 혹은 이름이 공포恐怖며, 혹은 이름이 분단分段이며, 혹은 이름이 가염오可厭惡며, 혹은 이름이 수승사須承事며, 혹은 이름이 변이變異며, 혹은 이름이 초인원招引冤이며, 혹은 이름이 능기탈能欺奪이며 혹은 이름이 난공사難共事며, 혹은 이름이 망분별妄分別이며, 혹은 이름이 유세력有勢力이니라."

사바세계에 있는 고통이 최승세계라고 없겠는가. 다만 사람의 근기와 살아온 관습에 따라 느끼는 것이 다를 뿐이다. 낱낱이 달리 표현한 낱말의 뜻을 설명하는 것은 생략한다. 이 모두가 사바세계에서도 역시 고통이다.

2) 고집성제의 10종 이름

諸佛子야 **所言苦集聖諦者**는 **彼最勝世界中**엔
제불자   소언고집성제자   피최승세계중

或名敗壞며 **或名癡根**이며 **或名大冤**이며 **或名利刃**
혹명패괴   혹명치근   혹명대원   혹명이인

이며 **或名滅味**며 **或名仇對**며 **或名非己物**이며 **或名**
   혹명멸미   혹명구대   혹명비기물   혹명

악도인　　혹명증흑암　　혹명괴선리
惡導引이며 **或名增黑暗**이며 **或名壞善利**니라

"모든 불자들이여, 고집성제라는 것은 저 최승세계 가운데서는 혹은 이름이 패괴敗壞며, 혹은 이름이 치근癡根이며, 혹은 이름이 대원大寃이며, 혹은 이름이 이인利刃이며, 혹은 이름이 멸미滅味며, 혹은 이름이 구대仇對며, 혹은 이름이 비기물非己物이며, 혹은 이름이 악도인惡導引이며, 혹은 이름이 증흑암增黑暗이며, 혹은 이름이 괴선리壞善利니라."

최승세계에서 고통의 원인들이다. 하나하나 살펴보면 역시 사바세계에서의 원인들과 같다.

3) 고멸성제의 10종 이름

제불자　소언고멸성제자　　피최승세계중
諸佛子야 **所言苦滅聖諦者**는 **彼最勝世界中**엔

혹명대의　　혹명요익　　혹명의중의　　혹명무
或名大義며 **或名饒益**이며 **或名義中義**며 **或名無**

량　　　혹명소응견　　혹명이분별　　혹명최상
量이며 **或名所應見**이며 **或名離分別**이며 **或名最上**

조복　　혹명상평등　　혹명가동주　　혹명무위
調伏이며 **或名常平等**이며 **或名可同住**며 **或名無爲**니라

"모든 불자들이여, 고멸성제라는 것은 저 최승세계 가운데서는 혹은 이름이 대의大義며, 혹은 이름이 요익饒益이며, 혹은 이름이 의중의義中義며, 혹은 이름이 무량無量이며, 혹은 이름이 소응견所應見이며, 혹은 이름이 이분별離分別이며, 혹은 이름이 최상조복最上調伏이며, 혹은 이름이 상평등常平等이며, 혹은 이름이 가동주可同住며, 혹은 이름이 무위無爲니라."

최승세계에서 고가 소멸한 것 역시 사바세계에서 고가 소멸한 것과 같다. 어떤 문제든지 내가 사는 이 사바세계를 떠나서 무엇이 있겠는가.

4) 고멸도성제의 10종 이름

諸佛子야 所言苦滅道聖諦者는 彼最勝世界
中엔 或名能燒然이며 或名最上品이며 或名決定이며
或名無能破며 或名深方便이며 或名出離며 或名
不下劣이며 或名通達이며 或名解脫性이며 或名能
度脫이니라 諸佛子야 最勝世界에 說四聖諦가 有如
是等四百億十千名하니 隨衆生心하야 悉令調伏
케하시니라

"모든 불자들이여, 고멸도성제라는 것은 저 최승세계 가운데서는 혹은 이름이 능소연能燒然이며, 혹은 이름이 최상품最上品이며, 혹은 이름이 결정決定이며, 혹은 이름이 무능파無能破며, 혹은 이름이 심방편深方便이며, 혹은 이름이 출리出離며, 혹은 이름이 불하열不下劣이며, 혹은 이름이 통달通達이며, 혹은 이름이 해탈성解脫性이며, 혹은 이름이 능도탈能度脫이니라. 모든 불자들이여, 이 최승세계에서 사성제를 말하는데 이러한 4백억 십천 가지의 이름이 있으니 중생의 마음을 따라 다 조복케 하느니라."

최승세계에서 고통을 소멸하는 방법 역시 사바세계에서도 통한다. 고통을 소멸하는 방법이 이와 같이 4백억 십천 가지나 되는데 하필이면 팔정도만 말하는가.

4. 서방 이구離垢세계의 사성제

1) 고성제의 10종 이름

諸佛子_야 此娑婆世界_의 所言苦聖諦者_는 彼離
垢世界中_엔 或名悔恨_{이며} 或名資待_며 或名展轉_{이며}
或名住城_{이며} 或名一味_며 或名非法_{이며} 或名居宅
_{이며} 或名妄着處_며 或名虛妄見_{이며} 或名無有數_{니라}

"모든 불자들이여, 이 사바세계에서 고성제라는 것은 저 이구세계 가운데서는 혹은 이름이 회한悔恨이며, 혹은 이름이 자대資待며, 혹은 이름이 전전展轉이며, 혹은 이름이 주성住城이며, 혹은 이름이 일미一味며, 혹은 이름

이 비법非法이며, 혹은 이름이 거택居宅이며, 혹은 이름이 망착처妄着處며, 혹은 이름이 허망견虛妄見이며, 혹은 이름이 무유수無有數니라."

사성제에 대한 법문은 근본불교 시대부터 대승불교가 일어날 때까지 가장 많이 거론되었을 것이다. 그래서 다시 대승불교가 크게 전파되었어도 이 사성제에 대한 법문은 언제나 등장하였다. 법화경이 그렇고 화엄경이 그렇다. 화엄경은 그 관점을 달리하지만 39품 중에서 하나의 독립된 품으로 배정할 정도로 중요시하였다. 여기에 등장하는 사성제에 대한 수많은 이름과 견해들에서 사성제에 대한 관점을 철저히 해야 할 것이다.

2) 고집성제의 10종 이름

諸佛子야 所言苦集聖諦者는 彼離垢世界中엔
제불자 소언고집성제자 피이구세계중

或名無實物이며 或名但有語며 或名非潔白이며 或
名生地며 或名執取며 或名鄙賤이며 或名增長이며
或名重擔이며 或名能生이며 或名麤獷이니라

"모든 불자들이여, 고집성제라고 하는 것은 저 이구 세계 가운데서는 혹은 이름이 무실물無實物이며, 혹은 이름이 단유어但有語며, 혹은 이름이 비결백非潔白이며, 혹은 이름이 생지生地며, 혹은 이름이 집취執取며, 혹은 이름이 비천鄙賤이며, 혹은 이름이 증장增長이며, 혹은 이름이 중담重擔이며, 혹은 이름이 능생能生이며, 혹은 이름이 추광麤獷이니라."

고통이나 고통의 원인이나 고통을 소멸한 경지나 고통을 소멸하는 방법이나 어떤 세계에 있든 다 같은 것이다. 동서고금을 막론하고 사람이 사는 일에는 다 같다.

3) 고멸성제의 10종 이름

諸佛子야 所言苦滅聖諦者는 彼離垢世界中엔
或名無等等이며 或名普除盡이며 或名離垢며 或名
最勝根이며 或名稱會며 或名無資待며 或名滅惑이며
或名最上이며 或名畢竟이며 或名破印이니라

"모든 불자들이여, 고멸성제라고 하는 것은 저 이구세계 가운데서는 혹은 이름이 무등등無等等이며, 혹은 이름이 보제진普除盡이며, 혹은 이름이 이구離垢며, 혹은 이름이 최승근最勝根이며, 혹은 이름이 칭회稱會며, 혹은 이름이 무자대無資待며, 혹은 이름이 멸혹滅惑이며, 혹은 이름이 최상最上이며, 혹은 이름이 필경畢竟이며, 혹은 이름이 파인破印이니라."

4) 고멸도성제의 10종 이름

諸佛子야 **所言苦滅道聖諦者**는 **彼離垢世界 中**엔 **或名堅固物**이며 **或名方便分**이며 **或名解脫本**이며 **或名本性實**이며 **或名不可毁訾**며 **或名最清淨**이며 **或名諸有邊**이며 **或名受寄全**이며 **或名作究竟**이며 **或名淨分別**이니라 **諸佛子**야 **離垢世界**에 **說四聖諦**가 **有如是等四百億十千名**하니 **隨衆生心**하야 **悉令調伏**케하시니라

"모든 불자들이여, 고멸도성제라고 하는 것은 저 이구세계 가운데서는 혹은 이름이 견고물堅固物이며, 혹은 이름이 방편분方便分이며, 혹은 이름이 해탈본解脫本이며, 혹은 이름이 본성실本性實이며, 혹은 이름이 불가훼자不可

毁訾며, 혹은 이름이 최청정最淸淨이며, 혹은 이름이 제유변諸有邊이며, 혹은 이름이 수기전受寄全이며, 혹은 이름이 작구경作究竟이며, 혹은 이름이 정분별淨分別이니라. 모든 불자들이여, 이 이구세계에서 사성제를 말하는데 이러한 4백억 십천 가지의 이름이 있으니 중생의 마음을 따라 다 조복케 하느니라."

5. 북방 풍일豊溢세계의 사성제

1) 고성제의 10종 이름

諸佛子_야 此娑婆世界_의 所言苦聖諦者_는 彼豊
溢世界中_엔 或名愛染處_며 或名險害根_{이며} 或名
有海分_{이며} 或名積集成_{이며} 或名差別根_{이며} 或名
增長_{이며} 或名生滅_{이며} 或名障礙_며 或名刀劍本_{이며}
或名數所成_{이니라}

"모든 불자들이여, 이 사바세계에서 고성제라는 것은 저 풍일세계 가운데서는 혹은 이름이 애염처愛染處며,

혹은 이름이 험해근險害根이며, 혹은 이름이 유해분有海分이며, 혹은 이름이 적집성積集成이며, 혹은 이름이 차별근差別根이며, 혹은 이름이 증장增長이며, 혹은 이름이 생멸生滅이며, 혹은 이름이 장애障礙며, 혹은 이름이 도검본刀劍本이며, 혹은 이름이 수소성數所成이니라."

풍일세계의 고통이나 고통의 원인이나 이 사바세계에서와 같다. 풍일세계에서의 고통이라고 해서 사바세계에 사는 우리와 상관이 없는 것이 아니다.

2) 고집성제의 10종 이름

제불자 소언고집성제자 피풍일세계 중
諸佛子야 所言苦集聖諦者는 彼豊溢世界中엔

혹명가오 혹명명자 혹명무진 혹명분수
或名可惡며 或名名字며 或名無盡이며 或名分數며

혹명불가애 혹명능확서 혹명추비물 혹
或名不可愛며 或名能攫噬며 或名麤鄙物이며 或

八. 사성제품四聖諦品

名愛着이며 **或名器**며 **或名動**이니라
_{명애착   혹명기   혹명동}

"모든 불자들이여, 고집성제라는 것은 저 풍일세계 가운데서는 혹은 이름이 가오可惡며, 혹은 이름이 명자名字며, 혹은 이름이 무진無盡이며, 혹은 이름이 분수分數며, 혹은 이름이 불가애不可愛며, 혹은 이름이 능확서能攫噬며, 혹은 이름이 추비물麤鄙物이며, 혹은 이름이 애착愛着이며, 혹은 이름이 기器며, 혹은 이름이 동動이니라."

3) 고멸성제의 10종 이름

諸佛子야 **所言苦滅聖諦者**는 **彼豊溢世界中**엔
_{제불자   소언고멸성제자   피풍일세계중}

或名相續斷이며 **或名開顯**이며 **或名無文字**며 **或名**
_{혹명상속단   혹명개현   혹명무문자   혹명}

無所修며 **或名無所見**이며 **或名無所作**이며 **或名寂**
_{무소수   혹명무소견   혹명무소작   혹명적}

滅이며 **或名已燒盡**이며 **或名捨重擔**이며 **或名已除**
_{멸   혹명이소진   혹명사중담   혹명이제}

壞^괴니라

"모든 불자들이여, 고멸성제라는 것은 저 풍일세계 가운데서는 혹은 이름이 상속단相續斷이며, 혹은 이름이 개현開顯이며, 혹은 이름이 무문자無文字며, 혹은 이름이 무소수無所修며, 혹은 이름이 무소견無所見이며, 혹은 이름이 무소작無所作이며, 혹은 이름이 적멸寂滅이며, 혹은 이름이 이소진已燒盡이며, 혹은 이름이 사중담捨重擔이며, 혹은 이름이 이제괴已除壞니라."

4) 고멸도성제의 10종 이름

諸佛子야 所言苦滅道聖諦者는 彼豊溢世界
^{제불자} ^{소언고멸도성제자} ^{피풍일세계}

中엔 或名寂滅行이며 或名出離行이며 或名勤修證
^중 ^{혹명적멸행} ^{혹명출리행} ^{혹명근수증}

이며 或名安隱去며 或名無量壽며 或名善了知며 或
^{혹명안은거} ^{혹명무량수} ^{혹명선료지} ^혹

名究竟道며 或名難修習이며 或名至彼岸이며 或名
無能勝이니라 諸佛子야 豊溢世界에 說四聖諦가 有
如是等四百億十千名하니 隨衆生心하야 悉令調
伏케하시니라

"모든 불자들이여, 고멸도성제라는 것은 저 풍일세계 가운데서는 혹은 이름이 적멸행寂滅行이며, 혹은 이름이 출리행出離行이며, 혹은 이름이 근수증勤修證이며, 혹은 이름이 안은거安隱去며, 혹은 이름이 무량수無量壽며, 혹은 이름이 선료지善了知며, 혹은 이름이 구경도究竟道며, 혹은 이름이 난수습難修習이며, 혹은 이름이 지피안至彼岸이며, 혹은 이름이 무능승無能勝이니라. 모든 불자들이여, 이 풍일세계에서 사성제를 말하는데 이러한 4백억 십천 가지의 이름이 있으니 중생의 마음을 따라 다 조복케 하느니라."

6. 동북방 섭취攝取세계의 사성제

1) 고성제의 10종 이름

諸佛子야 此娑婆世界의 所言苦聖諦者는 彼攝取世界中엔 或名能劫奪이며 或名非善友며 或名多恐怖며 或名種種戲論이며 或名地獄性이며 或名非實義며 或名貪欲擔이며 或名深重根이며 或名隨心轉이며 或名根本空이니라

"모든 불자들이여, 이 사바세계에서 고성제라는 것은 저 섭취세계 가운데서는 혹은 이름이 능겁탈能劫奪이

며, 혹은 이름이 비선우非善友며, 혹은 이름이 다공포多恐怖며, 혹은 이름이 종종희론種種戱論이며, 혹은 이름이 지옥성地獄性이며, 혹은 이름이 비실의非實義며, 혹은 이름이 탐욕담貪欲擔이며, 혹은 이름이 심중근深重根이며, 혹은 이름이 수심전隨心轉이며, 혹은 이름이 근본공根本空이니라."

2) 고집성제의 10종 이름

諸佛子야 所言苦集聖諦者는 彼攝取世界中엔
或名貪着이며 或名惡成辦이며 或名過惡이며 或名
速疾이며 或名能執取며 或名想이며 或名有果며 或
名無可說이며 或名無可取며 或名流轉이니라

"모든 불자들이여, 고집성제라는 것은 저 섭취세계 가운데서는 혹은 이름이 탐착貪着이며, 혹은 이름이 악성판惡成辦이며, 혹은 이름이 과악過惡이며, 혹은 이름이 속질速疾이며, 혹은 이름이 능집취能執取며, 혹은 이름이 상想이며, 혹은 이름이 유과有果며, 혹은 이름이 무가설無可說이며, 혹은 이름이 무가취無可取며, 혹은 이름이 유전流轉이니라."

3) 고멸성제의 10종 이름

諸佛子야 所言苦滅聖諦者는 彼攝取世界中엔
或名不退轉이며 或名離言說이며 或名無相狀이며
或名可欣樂이며 或名堅固며 或名上妙며 或名離癡며 或名滅盡이며 或名遠惡이며 或名出離니라

"모든 불자들이여, 고멸성제라는 것은 저 섭취세계 가운데서는 혹은 이름이 불퇴전不退轉이며, 혹은 이름이 이언설離言說이며, 혹은 이름이 무상상無相狀이며, 혹은 이름이 가흔락可欣樂이며, 혹은 이름이 견고堅固며, 혹은 이

름이 상묘上妙며, 혹은 이름이 이치離癡며, 혹은 이름이 멸진滅盡이며, 혹은 이름이 원악遠惡이며, 혹은 이름이 출리出離니라."

4) 고멸도성제의 10종 이름

諸佛子야 所言苦滅道聖諦者는 彼攝取世界中엔
或名離言이며 或名無諍이며 或名教導며 或名善廻向이며 或名大善巧며 或名差別方便이며 或名如虛空이며 或名寂靜行이며 或名勝智며 或名能了義니라
諸佛子야 攝取世界에 說四聖諦가 有如是等四百億十千名하니 隨衆生心하야 悉令調伏케하시니라

"모든 불자들이여, 고멸도성제라는 것은 저 섭취세

계 가운데서는 혹은 이름이 이언離言이며, 혹은 이름이 무쟁無爭이며, 혹은 이름이 교도教導며, 혹은 이름이 선회향善廻向이며, 혹은 이름이 대선교大善巧며, 혹은 이름이 차별방편差別方便이며, 혹은 이름이 여허공如虛空이며, 혹은 이름이 적정행寂淨行이며, 혹은 이름이 승지勝智며, 혹은 이름이 능요의能了義니라. 모든 불자들이여, 이 섭취세계에서 사성제를 말하는데 이러한 4백억 십천 가지의 이름이 있으니 중생의 마음을 따라 다 조복케 하시니라."

7. 동남방 요익饒益세계의 사성제

1) 고성제의 10종 이름

諸佛子야 此娑婆世界의 所言苦聖諦者는 彼饒
益世界中엔 或名重擔이며 或名不堅이며 或名如賊
이며 或名老死며 或名愛所成이며 或名流轉이며 或名
疲勞며 或名惡相狀이며 或名生長이며 或名利刃이니라

"모든 불자들이여, 이 사바세계에서 고성제라는 것은 저 요익세계 가운데서는 혹은 이름이 중담重擔이며, 혹은 이름이 불견不堅이며, 혹은 이름이 여적如賊이며, 혹은 이름이 노사老死며, 혹은 이름이 애소성愛所成이며, 혹은 이름이 유전流轉이며, 혹은 이름이 피로疲勞며, 혹은 이름이 악상상惡相狀이며, 혹은 이름이 생장生長이며, 혹은 이름이 이인利刃이니라."

2) 고집성제의 10종 이름

諸佛子야 所言苦集聖諦者는 彼饒益世界中엔 或名敗壞며 或名渾濁이며 或名退失이며 或名無力이며 或名喪失이며 或名乖違며 或名不和合이며 或名所作이며 或名取며 或名意欲이니라

"모든 불자들이여, 고집성제라는 것은 저 요익세계 가운데서는 혹은 이름이 패괴敗壞며, 혹은 이름이 혼탁渾濁이며, 혹은 이름이 퇴실退失이며, 혹은 이름이 무력無力이며, 혹은 이름이 상실喪失이며, 혹은 이름이 괴위乖違며, 혹은 이름이 불화합不和合이며, 혹은 이름이 소작所作이며,

혹은 이름이 취取며, 혹은 이름이 의욕意欲이니라."

3) 고멸성제의 10종 이름

諸佛子야 **所言苦滅聖諦者**는 **彼饒益世界中**엔 **或名出獄**이며 **或名眞實**이며 **或名離難**이며 **或名覆護**며 **或名離惡**이며 **或名隨順**이며 **或名根本**이며 **或名捨因**이며 **或名無爲**며 **或名無相續**이니라

"모든 불자들이여, 고멸성제라는 것은 저 요익세계 가운데서는 혹은 이름이 출옥出獄이며, 혹은 이름이 진실眞實이며, 혹은 이름이 이난離難이며, 혹은 이름이 부호覆護며, 혹은 이름이 이악離惡이며, 혹은 이름이 수순隨順이며, 혹은 이름이 근본根本이며, 혹은 이름이 사인捨因이며, 혹은 이름이 무위無爲며, 혹은 이름이 무상속無相續이니라."

4) 고멸도성제의 10종 이름

諸佛子야 所言苦滅道聖諦者는 彼饒益世界 中엔 或名達無所有며 或名一切印이며 或名三昧藏이며 或名得光明이며 或名不退法이며 或名能盡有며 或名廣大路며 或名能調伏이며 或名有安隱이며 或名不流轉根이니라 諸佛子야 饒益世界에 說四聖諦가 有如是等四百億十千名하니 隨衆生心하야 悉令調伏케하시니라

"모든 불자들이여, 고멸도성제라는 것은 저 요익세계 가운데서는 혹은 이름이 달무소유達無所有며, 혹은 이름이 일체인一切印이며, 혹은 이름이 삼매장三昧藏이며, 혹은 이름이 득광명得光明이며, 혹은 이름이 불퇴법不退法이

며, 혹은 이름이 능진유能盡有며, 혹은 이름이 광대로廣大路며, 혹은 이름이 능조복能調伏이며, 혹은 이름이 유안은有安隱이며, 혹은 이름이 불유전근不流轉根이니라. 모든 불자들이여, 이 요익세계에서 사성제를 말하는데 이러한 4백억 십천 가지의 이름이 있으니 중생의 마음을 따라서 다 조복케 하시니라."

8. 서남방 선소鮮少세계의 사성제

1) 고성제의 10종 이름

諸佛子_야 此娑婆世界_의 所言苦聖諦者_는 彼鮮少世界中_엔 或名險樂欲_{이며} 或名繫縛處_며 或名邪行_{이며} 或名隨受_며 或名無慚恥_며 或名貪欲根_{이며} 或名恒河流_며 或名常破壞_며 或名炬火性_{이며} 或名多憂惱_{니라}

"모든 불자들이여, 이 사바세계에서 고성제라는 것은 저 선소세계 가운데서는 혹은 이름이 험락욕險樂欲이며, 혹은 이름이 계박처繫縛處며, 혹은 이름이 사행邪行이며, 혹은 이름이 수수隨受며, 혹은 이름이 무참치無慚恥며, 혹은 이름이 탐욕근貪欲根이며, 혹은 이름이 항하류恒河流며, 혹은 이름이 상파괴常破壞며, 혹은 이름이 거화성炬火性이며, 혹은 이름이 다우뇌多憂惱니라."

2) 고집성제의 10종 이름

제불자 소언고집성제자 피선소세계중
諸佛子야 **所言苦集聖諦者**는 **彼鮮少世界中**엔

혹명광지 혹명능취 혹명원혜 혹명유난
或名廣地며 **或名能趣**며 **或名遠慧**며 **或名留難**이며

혹명공포 혹명방일 혹명섭취 혹명착처
或名恐怖며 **或名放逸**이며 **或名攝取**며 **或名着處**며

혹명택주 혹명연박
或名宅主며 **或名連縛**이니라

"모든 불자들이여, 고집성제라는 것은 저 선소세계 가운데서는 혹은 이름이 광지廣地며, 혹은 이름이 능취能趣며, 혹은 이름이 원혜遠慧며, 혹은 이름이 유난留難이며,

혹은 이름이 공포恐怖며, 혹은 이름이 방일放逸이며, 혹은 이름이 섭취攝取며, 혹은 이름이 착처著處며, 혹은 이름이 택주宅主며, 혹은 이름이 연박連縛이니라."

3) 고멸성제의 10종 이름

諸佛子야 所言苦滅聖諦者는 彼鮮少世界中엔
或名充滿이며 或名不死며 或名無我며 或名無自
性이며 或名分別盡이며 或名安樂住며 或名無限量
이며 或名斷流轉이며 或名絶行處며 或名不二니라

"모든 불자들이여, 고멸성제라는 것은 저 선소세계 가운데서는 혹은 이름이 충만充滿이며, 혹은 이름이 불사不死며, 혹은 이름이 무아無我며, 혹은 이름이 무자성無自性이며, 혹은 이름이 분별진分別盡이며, 혹은 이름이 안락주安樂住며, 혹은 이름이 무한량無限量이며, 혹은 이름이 단유전斷流轉이며, 혹은 이름이 절행처絶行處며, 혹은 이름이 불이不二니라."

4) 고멸도성제의 10종 이름

諸^제佛^불子^자야 所^소言^언苦^고滅^멸道^도聖^성諦^제者^자는 彼^피鮮^선少^소世^세界^계
中^중엔 或^혹名^명大^대光^광明^명이며 或^혹名^명演^연說^설海^해며 或^혹名^명簡^간擇^택義^의며
或^혹名^명和^화合^합法^법이며 或^혹名^명離^이取^취着^착이며 或^혹名^명斷^단相^상續^속이며
或^혹名^명廣^광大^대路^로며 或^혹名^명平^평等^등因^인이며 或^혹名^명淨^정方^방便^편이며 或^혹名^명最^최勝^승見^견이니라 諸^제佛^불子^자야 鮮^선少^소世^세界^계에 說^설四^사聖^성諦^제가 有^유如^여是^시等^등四^사百^백億^억十^십千^천名^명하니 隨^수衆^중生^생心^심하야 悉^실令^령
調^조伏^복케하시니라

"모든 불자들이여, 고멸도성제라는 것은 저 선소세계 가운데서는 혹은 이름이 대광명大光明이며, 혹은 이름이 연설해演說海며, 혹은 이름이 간택의簡擇義며, 혹은 이름이 화합법和合法이며, 혹은 이름이 이취착離取着이며, 혹은 이름이 단상속斷相續이며, 혹은 이름이 광대로廣大路며, 혹은 이름이 평등인平等因이며, 혹은 이름이 정방편淨方便이며, 혹은 이름이 최승견最勝見이니라. 모든 불자들이여, 이 선소세계에서 사성제를 말하는데 이러한 4백억 십천 가지의 이름이 있으니 중생의 마음을 따라 다 조복케 하시니라."

9. 서북방 환희歡喜세계의 사성제

1) 고성제의 10종 이름

諸佛子야 此娑婆世界의 所言苦聖諦者는 彼歡喜世界中엔 或名流轉이며 或名出生이며 或名失利며 或名染着이며 或名重擔이며 或名差別이며 或名內險이며 或名集會며 或名惡舍宅이며 或名苦惱性이니라

"모든 불자들이여, 이 사바세계에서 고성제라는 것은 저 환희세계 가운데서는 혹은 이름이 유전流轉이며, 혹은 이름이 출생出生이며, 혹은 이름이 실리失利며, 혹은 이름이 염착染着이며, 혹은 이름이 중담重擔이며, 혹은 이

름이 차별差別이며, 혹은 이름이 내험內險이며, 혹은 이름이 집회集會며, 혹은 이름이 악사택惡舍宅이며, 혹은 이름이 고뇌성苦惱性이니라."

2) 고집성제의 10종 이름

諸佛子야 所言苦集聖諦者는 彼歡喜世界中엔

或名地며 或名方便이며 或名非時며 或名非實法이며

或名無底며 或名攝取며 或名離戒며 或名煩惱法이며

或名狹劣見이며 或名垢聚니라

"모든 불자들이여, 고집성제라는 것은 저 환희세계 가운데서는 혹은 이름이 지地며, 혹은 이름이 방편方便이며, 혹은 이름이 비시非時며, 혹은 이름이 비실법非實法이며, 혹은 이름이 무저無底며, 혹은 이름이 섭취攝取며, 혹은 이름이 이계離戒며, 혹은 이름이 번뇌법煩惱法이며, 혹은 이름이 협렬견狹劣見이며, 혹은 이름이 구취垢聚니라."

3) 고멸성제의 10종 이름

諸佛子야 所言苦滅聖諦者는 彼歡喜世界中엔
或名破依止며 或名不放逸이며 或名眞實이며 或名
平等이며 或名善淨이며 或名無病이며 或名無曲이며
或名無相이며 或名自在며 或名無生이니라

"모든 불자들이여, 고멸성제라는 것은 저 환희세계 가운데서는 혹은 이름이 파의지破依止며, 혹은 이름이 불방일不放逸이며, 혹은 이름이 진실眞實이며, 혹은 이름이 평등平等이며, 혹은 이름이 선정善淨이며, 혹은 이름이 무병無病이며, 혹은 이름이 무곡無曲이며, 혹은 이름이 무상無相이며, 혹은 이름이 자재自在며, 혹은 이름이 무생無生이니라."

4) 고멸도성제의 10종 이름

諸佛子야 所言苦滅道聖諦者는 彼歡喜世界中엔 或名入勝界며 或名斷集이며 或名超等類며 或名廣大性이며 或名分別盡이며 或名神力道며 或名衆方便이며 或名正念行이며 或名常寂路며 或名攝解脫이니라 諸佛子야 歡喜世界에 說四聖諦가 有如是等四百億十千名하니 隨衆生心하야 悉令調伏케하시니라

"모든 불자들이여, 고멸도성제라는 것은 저 환희세계 가운데서는 혹은 이름이 입승계入勝界며, 혹은 이름이 단집斷集이며, 혹은 이름이 초등류超等類며, 혹은 이름이 광대성廣大性이며, 혹은 이름이 분별진分別盡이며, 혹은 이름이 신력도神力道며, 혹은 이름이 중방편衆方便이며, 혹은

이름이 정념행正念行이며, 혹은 이름이 상적로常寂路며, 혹은 이름이 섭해탈攝解脱이니라. 모든 불자들이여, 이 환희세계에서 사성제를 말하는데 이러한 4백억 십천 가지의 이름이 있으니 중생의 마음을 따라 다 조복케 하시니라."

10. 하방 관약關鑰세계의 사성제

1) 고성제의 10종 이름

諸佛子야 此娑婆世界의 所言苦聖諦者는 彼關
鑰世界中엔 或名敗壞相이며 或名如坏器며 或名
我所成이며 或名諸趣身이며 或名數流轉이며 或名
衆惡門이며 或名性苦며 或名可棄捨며 或名無味며
或名來去니라

 "모든 불자들이여, 이 사바세계에서 고성제라는 것은 저 관약세계 가운데서는 혹은 이름이 패괴상敗壞相이며, 혹은 이름이 여배기如坏器며, 혹은 이름이 아소성我所成이며, 혹은 이름이 제취신諸趣身이며, 혹은 이름이 삭유전數流轉이며, 혹은 이름이 중악문衆惡門이며, 혹은 이름이 성고性苦며, 혹은 이름이 가기사可棄捨며, 혹은 이름이 무미無味며, 혹은 이름이 내거來去니라."

2) 고집성제의 10종 이름

제불자 소언고집성제자 피관약세계중
諸佛子야 **所言苦集聖諦者**는 **彼關鑰世界中**엔

혹명행 혹명분독 혹명화합 혹명수지
或名行이며 **或名憤毒**이며 **或名和合**이며 **或名受支**며

혹명아심 혹명잡독 혹명허칭 혹명괴
或名我心이며 **或名雜毒**이며 **或名虛稱**이며 **或名乖**

위 혹명열뇌 혹명경해
違며 **或名熱惱**며 **或名驚駭**니라

"모든 불자들이여, 고집성제라는 것은 저 관약세계 가운데서는 혹은 이름이 행行이며, 혹은 이름이 분독憤毒이며, 혹은 이름이 화합和合이며, 혹은 이름이 수지受支

며, 혹은 이름이 아심我心이며, 혹은 이름이 잡독雜毒이며, 혹은 이름이 허칭虛稱이며, 혹은 이름이 괴위乖違며, 혹은 이름이 열뇌熱惱며, 혹은 이름이 경해驚駭니라."

3) 고멸성제의 10종 이름

諸佛子야 所言苦滅聖諦者는 彼關鑰世界中엔
或名無積集이며 或名不可得이며 或名妙藥이며 或
名不可壞며 或名無着이며 或名無量이며 或名廣大며
或名覺分이며 或名離染이며 或名無障礙니라

"모든 불자들이여, 고멸성제라는 것은 저 관약세계 가운데서는 혹은 이름이 무적집無積集이며, 혹은 이름이 불가득不可得이며, 혹은 이름이 묘약妙藥이며, 혹은 이름이 불가괴不可壞며, 혹은 이름이 무착無着이며, 혹은 이름이 무량無量이며, 혹은 이름이 광대廣大며, 혹은 이름이 각분覺分이며, 혹은 이름이 이염離染이며, 혹은 이름이 무장애無障碍니라."

4) 고멸도성제의 10종 이름

제불자　소언고멸도성제자　피관약세계
諸佛子야 **所言苦滅道聖諦者**는 **彼關鑰世界**

중　혹명안은행　혹명이욕　혹명구경실
中엔 **或名安隱行**이며 **或名離欲**이며 **或名究竟實**이며

혹명입의　혹명성구경　혹명정현　혹명섭
或名入義며 **或名性究竟**이며 **或名淨現**이며 **或名攝**

념　혹명취해탈　혹명구제　혹명승행
念이며 **或名趣解脫**이며 **或名救濟**며 **或名勝行**이니라

제불자　관약세계　설사성제　유여시등사백
諸佛子야 **關鑰世界**에 **說四聖諦**가 **有如是等四百**

억십천명　수중생심　실령조복
億十千名하니 **隨衆生心**하야 **悉令調伏**케하시니라

"모든 불자들이여, 고멸도성제라는 것은 저 관약세계 가운데서는 혹은 이름이 안은행安隱行이며, 혹은 이름

이 이욕離欲이며, 혹은 이름이 구경실究竟實이며, 혹은 이름이 입의入義며, 혹은 이름이 성구경性究竟이며, 혹은 이름이 정현淨現이며, 혹은 이름이 섭념攝念이며, 혹은 이름이 취해탈趣解脫이며, 혹은 이름이 구제救濟며, 혹은 이름이 승행勝行이니라. 모든 불자들이여, 이 관약세계에서 사성제를 말하는데 이러한 4백억 십천 가지의 이름이 있으니 중생의 마음을 따라 다 조복케 하시니라."

11. 상방 진음振音세계의 사성제

1) 고성제의 10종 이름

諸佛子야 此娑婆世界의 所言苦聖諦者는 彼振音世界中엔 或名匿疵며 或名世間이며 或名所依며 或名傲慢이며 或名染着性이며 或名駛流며 或名不可樂이며 或名覆藏이며 或名速滅이며 或名難調니라

"모든 불자들이여, 이 사바세계에서 고성제라는 것은 저 진음세계 가운데서는 혹은 이름이 익자匿疵며, 혹은 이름이 세간世間이며, 혹은 이름이 소의所依며, 혹은 이름이 오만傲慢이며, 혹은 이름이 염착성染着性이며, 혹

은 이름이 사류駛流며, 혹은 이름이 불가락不可樂이며, 혹은 이름이 부장覆藏이며, 혹은 이름이 속멸速滅이며, 혹은 이름이 난조難調니라."

2) 고집성제의 10종 이름

諸佛子야 所言苦集聖諦者는 彼振音世界中엔
或名須制伏이며 或名心趣며 或名能縛이며 或名隨
念起며 或名至後邊이며 或名共和合이며 或名分別
이며 或名門이며 或名飄動이며 或名隱覆니라

"모든 불자들이여, 고집성제라는 것은 저 진음세계 가운데서는 혹은 이름이 수제복須制伏이며, 혹은 이름이 심취心趣며, 혹은 이름이 능박能縛이며, 혹은 이름이 수념기隨念起며, 혹은 이름이 지후변至後邊이며, 혹은 이름이 공화합共和合이며, 혹은 이름이 분별分別이며, 혹은 이름이 문門이며, 혹은 이름이 표동飄動이며, 혹은 이름이 은부隱覆니라."

3) 고멸성제의 10종 이름

諸佛子야 所言苦滅聖諦者는 彼振音世界中엔

或名無依處이며 或名不可取며 或名轉還이며 或名

離諍이며 或名小며 或名大며 或名善淨이며 或名無

盡이며 或名廣博이며 或名無等價니라

"모든 불자들이여, 고멸성제라는 것은 저 진음세계 가운데서는 혹은 이름이 무의처無依處며, 혹은 이름이 불가취不可取며, 혹은 이름이 전환轉還이며, 혹은 이름이 이쟁離諍이며, 혹은 이름이 소小며, 혹은 이름이 대大며, 혹은 이름이 선정善淨이며, 혹은 이름이 무진無盡이며, 혹은 이름이 광박廣博이며, 혹은 이름이 무등가無等價니라."

4) 고멸도성제의 10종 이름

諸^제佛^불子^자야 所^소言^언苦^고滅^멸道^도聖^성諦^제者^자는 彼^피振^진音^음世^세界^계 中^중엔 或^혹名^명觀^관察^찰이며 或^혹名^명能^능摧^최敵^적이며 或^혹名^명了^요知^지印^인이며 或^혹名^명能^능入^입性^성이며 或^혹名^명難^난敵^적對^대며 或^혹名^명無^무限^한義^의며 或^혹名^명能^능入^입智^지며 或^혹名^명和^화合^합道^도며 或^혹名^명恒^항不^부動^동이며 或^혹名^명殊^수勝^승義^의니라 諸^제佛^불子^자야 振^진音^음世^세界^계에 說^설四^사聖^성諦^제가 有^유如^여是^시等^등四^사百^백億^억十^십千^천名^명하니 隨^수衆^중生^생心^심하야 悉^실令^령調^조伏^복케하시니라

"모든 불자들이여, 고멸도성제라는 것은 저 진음세계 가운데서는 혹은 이름이 관찰觀察이며, 혹은 이름이 능최적能摧敵이며, 혹은 이름이 요지인了知印이며, 혹은 이름이 능입성能入性이며, 혹은 이름이 난적대難敵對며, 혹은

이름이 무한의無限義며, 혹은 이름이 능입지能入智며, 혹은 이름이 화합도和合道며, 혹은 이름이 항부동恒不動이며, 혹은 이름이 수승의殊勝義니라. 모든 불자들이여, 이 진음 세계에서 사성제를 말하는데 이러한 4백억 십천 가지의 이름이 있으니 중생의 마음을 따라 다 조복케 하시니라."

여기까지 사바세계와 동서남북과 사유상하 시방세계에서의 사성제의 열 가지씩의 이름을 일일이 열거하였다. 시방세계의 사성제를 설하였으나 실은 모두 이 사바세계에 사는 우리들의 사성제다. 낱낱 명칭을 그렇게 이해하는 것이 바른 길이리라.

12. 모든 세계의 총결

1) 시방세계

제불자　여차사바세계중　설사성제　유사
諸佛子야 **如此娑婆世界中**에 **說四聖諦**가 **有四**

백억십천명　　여시동방백천억　무수무량무
百億十千名하야 **如是東方百千億**과 **無數無量無**

변무등　불가수불가칭불가사불가량불가설
邊無等과 **不可數不可稱不可思不可量不可說**인

진법계허공계　소유세계　피일일세계중　설
盡法界虛空界의 **所有世界**인 **彼一一世界中**에 **說**

사성제　역각유사백억십천명　　수중생심
四聖諦도 **亦各有四百億十千名**하니 **隨衆生心**하야

실령조복　　　여동방　　남서북방　사유상
悉令調伏케하시니라 **如東方**하야 **南西北方**과 **四維上**

하 역부여시
下도 **亦復如是**하니라

"모든 불자들이여, 이 사바세계 가운데서 사성제를 말하는데 4백억 십천 가지의 이름이 있는 것과 같이, 동방의 백천억과 수없고, 한량없고, 끝없고, 같을 이 없고, 셀 수 없고, 일컬을 수 없고, 생각할 수 없고, 헤아릴 수 없고, 말할 수 없는 온 법계 허공계에 있는 세계의 저 낱낱 세계 가운데서 사성제를 말하는데도 또한 각각 4백억 십천 가지의 이름이 있어, 중생의 마음을 따라 다 조복케 하시니라. 동방과 같이 남방, 서방, 북방과 그 사이 네 간방間方과 상방上方과 하방下方에도 또한 다시 이와 같으니라."

2) 일체 세계

제불자 여사바세계 유여상소설시방세
諸佛子야 **如娑婆世界**에 **有如上所說十方世**
계 피일체세계 역각유여시시방세계
界하야 **彼一切世界**도 **亦各有如是十方世界**어든

일일세계중   설고성제   유백억만종명   설
一一世界中에 說苦聖諦가 有百億萬種名하며 說

집성제   멸성제   도성제   역각유백억만종명
集聖諦와 滅聖諦와 道聖諦도 亦各有百億萬種名

　　개 수 중 생 심 지 소 락　　영 기 조 복
하니 皆隨衆生心之所樂하야 令其調伏케하시니라

"모든 불자들이여, 이 사바세계에 위에서 말한 것과 같은 시방의 세계가 있는 것처럼 저 일체 세계에도 또한 각각 이와 같은 시방세계가 있어 낱낱의 세계 가운데서 고성제를 말하는데 백억만 가지의 이름이 있느니라. 집성제와 멸성제와 도성제를 말하는데도 또한 각각 백억만 가지의 이름이 있으니, 모두 중생들의 마음에 좋아하는 바를 따라서 그로 하여금 조복케 하시니라."

시방세계와 일체 세계의 사성제를 모두 맺어 설명하였다. 불교에서 이 사성제의 설법이 얼마나 중요한 기본이 되는가를 엿볼 수 있다. "셀 수 없고, 일컬을 수 없고, 생각할 수 없고, 헤아릴 수 없고, 말할 수 없는" 사성제는 그만두더라도 위의 경전에서 열거한 구체적인 고苦의 종류가 110가지며, 집

集의 종류가 110가지며, 멸滅의 종류가 110가지며, 도道의 종류가 110가지다.

이러한 내용은 사성제의 명칭을 통하여 사람들이 살아가는 일체 삶의 모습을 하나하나 열거해서 나타내 보이는 것이다. 이 사성제의 440가지의 이름을 자세히 살펴보면 곧 모든 사람들의 삶의 모습을 알 수 있다.

사성제품 끝

〈제12권 끝〉

華嚴經 構成表

分次	周次		內容	品數	會次
舉果勸樂生信分 (信)	所信因果周		如來依正	世主妙嚴品 第一 如來現相品 第二 普賢三昧品 第三 世界成就品 第四 華藏世界品 第五 毘盧遮那品 第六	初會
修因契果生解分 (解)	差別因果周	差別因	十信	如來名號品 第七 四聖諦品 第八 光明覺品 第九 菩薩問明品 第十 淨行品 第十一 賢首品 第十二	二會
			十住	昇須彌山頂品 第十三 須彌頂上偈讚品 第十四 十住品 第十五 梵行品 第十六 初發心功德品 第十七 明法品 第十八	三會
			十行	昇夜摩天宮品 第十九 夜摩天宮偈讚品 第二十 十行品 第二十一 十無盡藏品 第二十二	四會
			十迴向	昇兜率天宮品 第二十三 兜率宮中偈讚品 第二十四 十迴向品 第二十五	五會
			十地	十地品 第二十六	六會
			等覺	十定品 第二十七 十通品 第二十八 十忍品 第二十九 阿僧祇品 第三十 如來壽量品 第三十一 菩薩住處品 第三十二	七會
		差別果	妙覺	佛不思議法品 第三十三 如來十身相海品 第三十四 如來隨好光明功德品 第三十五	
	平等因果周	平等因		普賢行品 第三十六	
		平等果		如來出現品 第三十七	
托法進修成行分 (行)	成行因果周		二千行門	離世間品 第三十八	八會
依人證入成德分 (證)	證入因果周		證果法門	入法界品 第三十九	九會

(資料：文殊經典研究會)

會場	放光別	會主	入定別	說法別舉
菩提場	遮那放齒光眉間光	普賢菩薩為會主	入毘盧藏身三昧	如來依正法
普光明殿	世尊放兩足輪光	文殊菩薩為會主	此會不入定．信未入位故	十信法
忉利天宮	世尊放兩足指光	法慧菩薩為會主	入無量方便三昧	十住法門
夜摩天宮	如來放兩足趺光	功德林菩薩為會主	入菩薩善思惟三昧	十行法門
兜率天宮	如來放兩膝輪光	金剛幢菩薩為會主	入菩薩智光三昧	十廻向法門
他化天宮	如來放眉間毫相光	金剛藏菩薩為會主	入菩薩大智慧光明三昧	十地法門
再會普光明殿	如來放眉間口光	如來為會主	入剎那際三昧	等妙覺法門
三會普光明殿	此會佛不放光．表行依解法依解光故	普賢菩薩為會主	入佛華莊嚴三昧	二千行門
祇陀園林	放眉間白毫光	如來善友為會主	入獅子頻申三昧	果法門

如天 無比

1943년 영덕에서 출생하였다. 1958년 출가하여 덕흥사, 불국사, 범어사를 거쳐 1964년 해인사 강원을 졸업하고 동국역경연수원에서 수학하였다. 10여 년 선원생활을 하고 1976년 탄허스님에게 화엄경을 수학하고 전법, 이후 통도사 강주, 범어사 강주, 은해사 승가대학원장, 대한불교조계종 교육원장, 동국역경원장, 동화사 한문불전승가대학원장 등을 역임하였다.

현재 부산 문수선원 문수경전연구회에서 150여 명의 스님과 250여 명의 재가 신도들에게 화엄경을 강의하고 있다. 또한 다음 카페 '염화실 (http://cafe.daum.net/yumhwasil)을 통해 '모든 사람을 부처님으로 받들어 섬김으로써 이 땅에 평화와 행복을 가져오게 한다.'는 인불사상(人佛思想)을 펼치고 있다.

저서로『법화경 법문』,『신금강경 강의』,『직지 강설』(전 2권),『법화경 강의』(전 2권),『신심명 강의』,『임제록 강설』, 『대승찬 강설』,『유마경 강설』,『당신은 부처님』,『사람이 부처님이다』,『이것이 간화선이다』,『무비 스님과 함께하는 불교공부』,『무비 스님의 증도가 강의』,『일곱 번의 작별인사』, 무비 스님이 가려 뽑은 명구 100선 시리즈(전 4권) 등이 있고 편찬하고 번역한 책으로『화엄경(한글)』(전 10권),『화엄경(한문)』(전 4권),『금강경 오가해』등이 있다.

대방광불화엄경 강설 제12권

| 초판 1쇄 발행_ 2014년 9월 17일
| 초판 3쇄 발행_ 2018년 4월 4일

| 지은이_ 여천 무비(如天 無比)
| 펴낸이_ 오세룡
| 편집_ 박성화 손미숙 정선경 이연희
| 기획_ 최은영
| 디자인_ 고혜정 김효선 장혜정
| 홍보 마케팅_ 이주하
| 펴낸곳_ 담앤북스
　　　　서울특별시 종로구 사직로8길 34 (내수동) 경희궁의 아침 3단지 926호
　　　　대표전화 02)765-1251 전송 02)764-1251 전자우편 damnbooks@hanmail.net
　　　　출판등록 제300-2011-115호
| ISBN 978-89-98946-33-3 04220

정가 14,000원

ⓒ 무비스님 2014